マンション管理士と
管理業務主任者のためのガイドブック

◇予想問題と法規集◇

マンション管理士必携(ひっけい)

岡﨑 泰造 編

新井泉太朗
天海　義彦
岡﨑　泰造
澤田　博一
山畑　哲世

不磨書房

まえがき

　第1回のマンション管理士，管理業務主任者の国家資格試験が12月に実施されることになりました。不動産業界にとっては久しぶりの国家資格の誕生であるだけに，業界関係者はもとより各方面から関心が予想以上に高まっています。

　そこで，初めての試験を直前にひかえ，受験者により必要なガイドブックを提供しようと，マンション管理について豊富な経験と知識をお持ちの専門家のご協力を得て本書を出版することとなりました。

　本書は主に，予想問題（PART 2）と関係の法律・資料（PART 3）で構成されていますが，PART 1の1～3は試験対策に欠かせないマンション管理士・管理業務主任者としての知識や法律・指針のポイントをまとめてありますから，よく読んで覚えておかれるとよいでしょう。

　両資格試験とも4枝択一式の出題とのことですが，この方式の試験はできるだけ多くの予想問題に挑戦しておくことが合格点を取る秘訣と言われています。両資格試験の受験を志して勉強しておられる方々のお役にたつものと思っております。

　また，掲載した区分所有法，マンション管理適正化推進法と施行規則の全文対照表の法規や通達等は，必備資料としてもご活用いただきたいと思います。

　そして，新しい法律の制定と資格の創設を契機に，マンションの管理に対する居住者の関心が一層高まり，多くの方々が管理組合の運営に積極的に参加されることにより，適切な維持管理と快適な居住環境が整備されるものと期待しております。

　2001年9月

執筆者を代表して
岡﨑　泰造

目 次

PART 1　マンション管理士・管理業務主任者受験ガイド
　1　マンション管理士の役割……………………………………… *2*
　2　管理業務主任者の役割………………………………………… *5*
　3　マンション管理適正化法および指針のポイント…………… *7*
　4　マンション管理士・管理業務主任者試験の案内…………… *13*

PART 2　予想問題と解答・解説
　1　マンション管理に関する法令および実務…………………… *22*
　2　管理組合の運営に関する問題………………………………… *49*
　3　マンションの建物設備に関する問題………………………… *76*
　4　マンション管理適正化推進法・指針の問題………………… *93*

PART 3　マンション管理士のための法規集
　1　建物の区分所有等に関する法律　……………………………… *114*
　2　「マンションの管理の適正化の推進に関する法律」の概要… *131*
　3　「マンションの管理の適正化の推進に関する法律施行規則」
　　の概要 ……………………………………………………………… *132*
　4　「マンションの管理の適正化に関する指針」全文…………… *137*
　5　マンション管理の適正化の推進に関する法律の施行に
　　ついて（国土交通省通達）……………………………………… *142*
　6　「中高層共同住宅標準管理規約（単棟型）」全文 …………… *150*
　7　「中高層共同住宅標準管理規約（単棟型）」コメント ……… *166*
　（巻末）「マンションの管理の適正化の推進に関する法律」・
　　　　「同施行規則」全文対照表

PART 1

マンション管理士・管理業務主任者 受験ガイド

1 マンション管理士の役割
2 管理業務主任者の役割
3 マンション管理適正化法および指針のポイント
4 マンション管理士・管理業務主任者試験の案内

1 マンション管理士の役割

1 マンション管理士の登録

　マンション管理士試験に合格すれば，法に定める欠格事由に該当しない者であることを公の機関（国土交通大臣に申請をする）が確認して，公簿（マンション管理士登録簿）に登録されます。その窓口は財団法人マンション管理センターが当たることになっています。マンション管理士の登録をしたときは，「**マンション管理士登録証**」が交付されます。
　マンション管理士には次の**義務**が課せられています。
① 　信用失墜行為の禁止
② 　5年ごとに実施される講習会の受講
③ 　秘密保持義務

2 マンション管理士の具体的な役割

　マンション管理士は，マンションに関する法律や専門知識をもって，分譲マンションの管理に関する諸問題について，管理組合の管理者や区分所有者などからの相談を受けることになっています。管理組合のうち管理を専門の業者に委託しているのは約85％で，残りの15％は十分な管理体制が整備されていないと予想されます。また，マンションの老朽化に対応するための長期修繕計画についても約20％が未策定であり，大規模修繕のための修繕積立金が不足しているマンションも多数あります。
　以上のような管理の実態から，次のような**アドバイザーとしての役割**が求められることになります。

① 管理組合の運営をめぐってトラブルが発生した際の助言
② 十分に機能していない管理組合の活性化を図ろうとする際のアドバイザー役
③ 区分所有者の要望に応え，規約やルールを見直そうとする際の助言・指導
④ 長期修繕計画や修繕積立金などについて企画，見直し等についての助言
⑤ 建物の修繕等に関する助言…例えば，修繕工事の実施と施工業者の選択方法等での相談，雨漏り・水漏れ・外壁落下などでの相談，専用部分のリフォームでのアドバイス等
⑥ 居住者間のマナーに関する相談…例えば，ペット飼育問題，駐車場・駐輪場に関する問題，騒音等に関する苦情，バルコニーの使用方法に関する問題等

 その他に，管理費等の長期滞納者に対する法的措置や，ルール違反者に対する法的措置などがありますが，これらは弁護士を紹介するなどの**橋渡し的役割**が考えられます。いずれにしても，複雑な管理問題を一人のマンション管理士だけで対応することは困難です。他の専門分野に明るいマンション管理士や弁護士，一級建築士などの専門家の協力を得ながら対応することになります。

3 マンション管理士の活用

 マンション管理士の資格を取得しても，すぐに管理組合から依頼がくるわけではありません。「マンションの管理の適正化の推進に関する法律」（平成12年12月8日公布，以下**「管理適正化法」**と略称する）の制定に伴い，地方公共団体でも分譲マンションの管理の実態調査や支援策についての検討を始めています。支援策の一つとして，相談窓口の開設

やセミナーの開催などがあります。それらの企画にマンション管理士の活用が期待されます。

　平成13年８月１日に国土交通省が公布した**「マンションの管理の適正化に関する指針」**（137頁参照）の中でマンション管理士制度の普及・活用を訴え，「管理組合は，問題に応じ，マンション管理士等専門的知識を有する者の支援を得ながら，主体性をもって適切な対応に心がけること」とし，さらに「地方公共団体，マンション管理適正化推進センター，マンション管理士等の関係者が相互に連携をとり，管理組合の管理者等の相談に応じられるネットワークの整備が重要である」と，マンション管理士は今後，**公共性の高い職務**を担っていくことを示唆しています。

4　その他

　マンション管理士の誕生後に検討されるべき事項として，行動倫理規定や報酬規定等があります。公共性かつ公平性の求められる資格だけに，管理組合等の信頼を損なう利益誘導と思われるような行為は慎まなければなりません。それについては，マンション管理士の人々によって組織化される「マンション管理士会」（仮称）での自主的なルール作りの検討が求められます。また，報酬についても同様の検討が求められます。

　いずれにしても，マンション管理士の資格のみで生計を維持することは困難と思われます。自分自身がマンションの居住者であればもとより，そうでない場合でも，マンションの管理について悩んでおられる人々の相談にのり，改善のための助言や支援をすることは大きな生き甲斐であると思われます。いわゆるコンサルタントをしているうちに，マンションの管理組合から「管理者」の役割を依頼されることも考えられます。今後，マンションのストックの増加とともに，マンション管理士の活躍の可能性は大きくなるものと期待しています。

2　管理業務主任者の役割

1　管理業務主任者の設置義務

　管理適正化法の成立に伴い，マンション管理業者の国土交通省への登録が義務づけられました。登録にさいしては，マンション管理業者が管理受託を受けている**管理組合30につき１人の割合**で専任の「管理業務主任者」を設置することが義務づけられました。これまで㈳高層住宅管理業協会の認定した管理業務主任者に対し，新たに創設された「管理業務主任者」は，国家試験の合格者で一定の法定要件を具備したものが登録できることになっています。登録には，２年以上の実務経験が必要とされていますが，実務経験に代わる指定講習（別表「みなし講習実施要領」参照）を受講すれば実務経験がなくても登録が可能です。

2　管理業務主任者の業務と責任

次の①②③の業務が法律に規定されています。
① **重要事項説明**——管理業者が管理組合との間で管理受託契約を結ぶ際に，あらかじめマンションの区分所有者や管理組合の管理者に対し，管理業務主任者が説明会を開いて，管理委託契約の内容およびその履行に関する重要事項について説明しなければならない（法72条）。
② 重要事項を記載した書面および管理委託契約書面への**記名・押印**（法73条）。
③ 管理組合に対し定期的に**管理事務の報告**（法77条）。

管理業務主任者の業務は，宅地建物取引主任者に似たものといえます。ただし，宅地建物主任者は売買契約の際に購入者と対応するだけですが，管理業務主任者の場合は，管理業者が管理受託しているマンションの管理組合と継続的な付き合いがあり，個人の能力や人柄の重要性が求められます。

これまで，マンション**分譲業者が川上**だとすれば，**管理業者は川下**と言われていました。しかし，新法の成立によって管理業者の役割と責任が大きくなり，**分譲業者以上の役割**が期待されています。管理業者の中でも，実質的に管理組合そして居住者と接触する管理業務主任者の役割はますます増大すると思われます。マンション居住者の意識の変化，居住者の高齢化，建物の老朽化などに対応した適切なアドバイスが求められています。国家資格に昇格したのを機会に，管理業務主任者のレベルアップが強く望まれます。

みなし講習実施要領

実施回数	年1回以上
講習時間	18時間
科　　目	1　管理業務主任者制度の趣旨 2　管理事務の委託契約に関する事項 3　管理組合の会計の収入および支出の調定ならびに出納に関する事項 4　マンションの建物および附属設備の維持または修繕に関する企画または実施の調整に関する事項 5　重要事項説明に関する事項 6　管理事務の報告に関する事項
受 講 料	4万円以下
対　　象	試験合格者で，管理事務の実務経験が2年未満の者

講習会実施機関　　㈳高層住宅管理業協会　TEL　03-3500-2721

3　マンション管理適正化法および指針のポイント

　マンション管理士試験では，管理業務主任者（移行講習受講者で講習修了証明書の交付を受けた者）はマンション管理適正化法および指針の問題（5問）が免除されるとのことなので，同法に関する出題は**50問中5問**であることが明らかです。同法については，法律のみならず関連する施行規則の各条項についてもチェックする必要があります。

　さらに，7月31日付けで出された国土交通省総合政策局不動産業課長名の通達も重要な内容が盛られているので，目を通しておくことをお勧めします（142頁参照）。

1　法2条の「定義」

　この法律で初めて規定された定義があり，その内容を十分に理解すること。特に次の定義は重要です。

(1)　マンション（法2条1号）
　　イ　2以上の区分所有者が存する建物で人の居住の用に供する専有部分のあるもの並びにその敷地及び附属施設
　　ロ　一団地内の土地又は附属施設が当該団地内にあるイに掲げる建物を含む数棟の建物の所有者の共有に属する場合における当該土地及び附属施設

　したがって，次に掲げるものは，同法にいう**マンションに該当しない**。

　　①　区分所有ビル——二人以上の区分所有者の存する建物で，人の居住の用に供する専有部分がないもの並びにその敷地および附属施設

    ② 賃貸マンション——所有者が単独で所有する共同住宅
    ③ 一戸建て住宅で構成する団地
(2) マンション管理士（法2条5号）
(3) 管理事務（法2条6号）
(4) マンション管理業（法2条7号）

2　マンション管理士

(1) マンション管理士の登録の欠格要件（法30条）
(2) マンション管理士の義務
    ① 信用失墜行為の禁止（法40条）
    ② 5年ごとの指定講習の受講（法41条）
    ③ 秘密保持義務（法42条）

3　マンション管理業者

(1) 登録が必要な管理業者
　　管理組合から委託を受けて，**基幹事務（①管理組合の会計の収入および支出の調停，②出納，③マンション（専有部分を除く）の維持または修繕に関する企画または実施の調整）**を含む管理業務を行う行為で，業として行う者は，国土交通大臣への登録をしなければならない。この場合，「基幹事務の全て」を受託していることが必要である。なお，管理業務には，警備業法に規定する警備業務，消防法に規定する防火管理者が行う業務は含まれない。
(2) 登録の拒否事由（法47条）
(3) 登録の必要がないマンション管理業者（法2条7号括弧書き）
    ① 管理組合から委託を受けて，基幹事務の一部のみを業として行っている者
    ② 管理組合から委託を受けて，基幹事務を含まない管理事務（管

理員業務，清掃業務，設備管理業務等）の全部または一部のみを業として行っている者
③　自ら所有する専有部分が存するマンションの管理組合から委託を受けて管理事務を業として行っている者
(4) 現にマンション管理業を営んでいる者は，平成14年4月30日までは新規の登録を受けなくても引き続き営業ができるが，**5月1日以降**は登録を受けていなければマンション管理業を営むことができない（経過措置）。

4　管理業務主任者

(1) 管理業務主任者の登録の欠格要件（法59条）
(2) 専任の管理業務主任者の設置義務（法56条）

　　管理受託をしているマンションの管理組合30につき1人以上の成年者である専任の管理業務主任者を置かなければならない（法56条，規則61条）。
　①　上記の算定をする場合の管理組合には，住居である専有部分が**5戸以下**の管理組合は対象とならない（法56条，規則62条）。
　②　**複合用途型**マンションで，複数の管理組合（全体・住宅・事務所等）が併存している場合，または団地型のマンションで複数の管理組合（全体・街区・棟別等）が併存する場合で，各管理組合から管理業務の委託を受けているときは，それぞれ管理組合は1として算定する（平成13年8月21日付㈳高層住宅管理業協会の連絡事務）。
(3) 法定業務

　　管理業務主任者は，次に掲げる業務を実施することが法律上規定されている。
　①　重要事項の説明（法72条1項，3項）
　　　管理組合との管理委託契約の締結前に説明会を開催し，管理業

務主任者が区分所有者および管理者等に対し重要事項の説明をしなければならない。同一の条件で管理委託契約を更新するときは，あらかじめ管理者等に対し重要事項の説明をしなければならない。
② 重要事項説明書および管理委託契約書に管理業務主任者の記名・押印をしなければならない（法72条5項，73条2項）。
③ 管理事務の報告（法77条）
管理受託をしている管理組合の事業年度終了後に，会計の収入および支出等の管理事務報告を管理業務主任者はしなければならない。

5 マンション管理業者の業務および規制

(1) 重要事項の説明等（法72条）
　① 管理組合と管理委託契約を締結する場合，事前に区分所有者等に対し説明会を開催すること。説明会の開催の1週間前までに，区分所有者および管理者等全員に対し，重要事項ならびに日時・場所を記載した書面を交付すること。
　② 同一の条件で管理委託契約を更新するときも，あらかじめ区分所有者等全員に対し，重要事項説明書を交付すること。また管理者等に対し重要事項の説明をすること。
(2) **基幹事務の一括再委託の禁止**（法74条）
　再委託の禁止とは，管理事務のうち基幹事務の**全部**を包括的に第三者に委託するもののほか，複数の者に分割して再委託することも該当する。
(3) 帳簿の作成等（法75条）
　管理組合に対し管理事務について帳簿を作成し，これを保存しなければならない。
　※ 施行規則86条に規定する事項が記載されているときは，管理委託契約書が帳簿とみなされる。

(4) **管理組合財産の分別管理**（法76条）
　① 収納代行方式および支払い一括代行方式の**特例措置**（施行規則87条3項，5項）については，十分理解すること。
　② 修繕積立金等の管理のための管理組合名義の預貯金通帳と取引印を原則として管理業者は同時保管しないこと。
　③ 修繕積立金等を有価証券で管理する場合は，金融機関または証券会社にその保管を委ねることとし，管理業者は管理できない。
(5) 管理事務の報告（法77条）
(6) 書類の閲覧（法79条）
(7) 秘密保持義務（法80条）

6　国土交通大臣の監督処分（法81条～86条）

(1) 指示
(2) 業務停止命令
(3) 登録の取消
(4) 立入検査

7　マンション管理推進センターの業務（法92条）

8　マンション管理業者団体（社団法人　高層住宅管理業協会）の業務（法95条）

(1) 保証業務
(2) 苦情の解決，その他

9　分譲業者の竣工図書の引渡し（法103条）

10　マンションの管理の適正化に関する指針

(1)　マンション管理の適正化の基本的方向
(2)　管理組合が留意すべき基本的事項
(3)　区分所有者等が留意すべき基本的事項
(4)　管理委託に関する基本的事項
(5)　マンション管理士制度の普及と活用
(6)　国，地方公共団体およびマンション管理適正化推進センターの支援

　※　各章の各項目だけでも目を通しておきたい。

（担当　岡﨑泰造）

4 マンション管理士・管理業務主任者試験の案内

1 マンション管理士試験の概要

(1) マンション管理士になるために

　マンション管理士になるためには，国土交通大臣等の実施するマンション管理士試験に合格し，マンション管理士として登録することが必要です。

　マンション管理士は，管理組合の運営その他マンションの管理に関し，相談，助言，指導その他の援助を行い，マンションの良好な住環境を確保し，ひいてはマンションの資産価値の保全に貢献することが求められます。このため試験は，管理士として必要な専門的知識について判定されることになります。

(2) マンション管理士試験の内容

　出題範囲は次のとおりです（次頁別表参照）。
① マンションの管理に関する法令および実務に関すること（④に掲げるものを除く）。
② 管理組合の運営の円滑化に関すること。
③ マンションの建物および附属施設の形質および構造に関すること。
④ マンションの管理の適正化の推進に関する法律に関すること。

　出題の根拠となる法令は，平成13年12月1日現在施行されているものです。

① マンションの管理に関する法令および実務に関すること	建物の区分所有等に関する法律，被災区分所有建物の再建等に関する特別措置法，民法（取引，契約等マンション管理に関するもの），不動産登記法，中高層共同住宅標準管理規約，中高層共同住宅標準管理委託契約，マンションの管理に関するその他の法律（建築基準法，都市計画法，消防法，住宅の品質確保の促進等に関する法律等）等
② 管理組合の運営の円滑化に関すること	管理組合の組織と運営（集会の運営等），管理組合の業務と役割（役員，理事会の役割等），管理組合の苦情対応と対策，管理組合の訴訟と裁判判例，管理組合の会計等
③ マンションの建物および附属施設の形質および構造に関すること	マンションの構造・設備，長期修繕計画，建物設備の診断，大規模修繕等
④ マンションの管理の適正化の推進に関する法律に関すること	マンションの管理の適正化の推進に関する法律，マンション管理適正化指針等

(3) 試験形式

50問四枝択一式の筆記試験（マークシート式）

(4) 試験科目の一部免除

　マンションの管理の適正化の推進に関する法律附則第5条の規定にもとづき，国土交通大臣が指定する講習会の課程を修了した者であって，試験の一部免除を受けようとする場合は，受験申込書類に当該講習の修了証明証を添付することを要します。試験科目の内，「マンションの管理の適正化に関する法律に関すること」が免除（5問）されます。

(5) 受験資格

年齢，性別，学歴，国籍，実務経験など一切制限はありません。

平成13年度マンション管理士試験ガイド

① **試験実施日**　平成13年12月9日（日）午後1時～3時

② **受験料**　　　9,400円

③ **試験地**　　　札幌，仙台，東京，名古屋，大阪，福岡

④ **受験申込書受付期間**
　　　　　平成13年9月25日（火）～平成13年10月5日（金）
　　　　　当日消印有効

⑤ **合格者発表**
　　試験の合格者については，平成14年1月下旬に財団法人マンション管理センターから本人あて合格証書を送付するほか，平成14年3月上旬に官報で公告されます。

⑥ **問い合わせ先**
　　（財）マンション管理センタ
　　郵便番号101-0003
　　東京都千代田区一ツ橋2丁目5-5　岩波書店一ツ橋ビル7階
　　電話　03-3222-1516（代）　FAX　03-3222-1520
　　ホームページアドレス　http://www.mankan.or.jp/

PART 1　マンション管理士・管理業務主任者受験ガイド

受験の申込に必要な書類

■ マンション管理士試験
　受験申込書
■ 1通

P.6～7の記入例をよく読み、必要事項を漏れなく記入してください。記入の際には黒か青のボールペンを使用してください。
受験手数料を郵便局で払い込んだ際に、戻してもらった「郵便振替払込受付証明書」を受け取り、受験申込書の裏面の所定欄に貼付してください。

■ マンション管理士試験
　電算入力用紙
■ 1通

P.8の記入例をよく読み、必要事項をもれなく記入してください。記入の際には黒か青のボールペンを使用してください。

■ 受験整理票
■ 1通

試験場で本人確認するための整理票です。
P.9の記入例をよく読み、必要事項を記入の上、指定の顔写真（カラー又は白黒いずれでも可）を所定欄に貼付してください。写真の裏面には氏名と希望試験地を記載した上で全面にのり付けしてください。
写真についてはP.9の条件を満たしていないと受理されませんのでご注意ください。

■「講習修了証明証」
■ 1通（試験の一部免除申請者）

マンションの管理の適正化の推進に関する法律の附則第5条の規定に基づき国土交通大臣が指定する講習会の課程を修了した者であって、試験の一部免除を受けようとする場合は、上記書類のほかに、「講習修了証明証」を必ず同封してください。

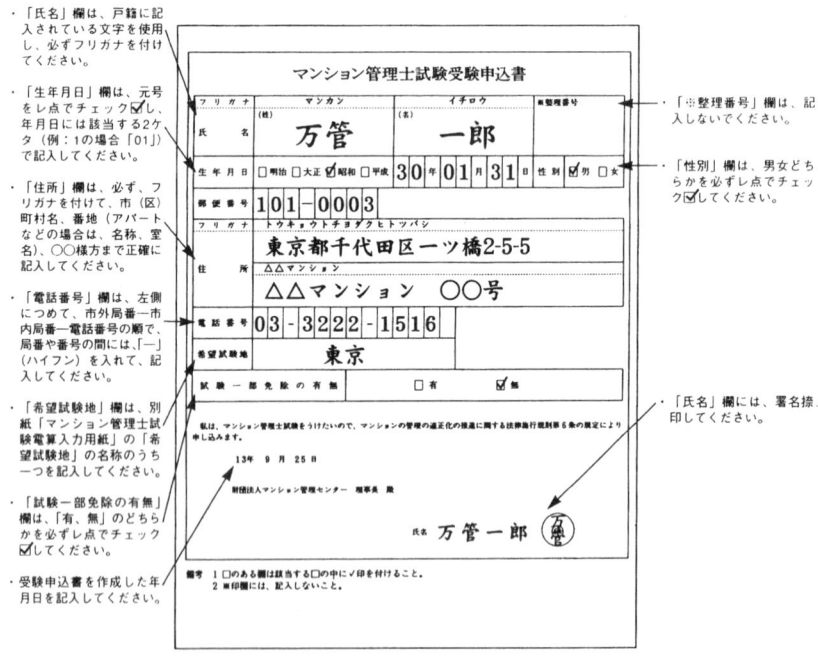

— 6 —

4 マンション管理士・管理業務主任者試験の案内

マンション管理士試験電算入力用紙

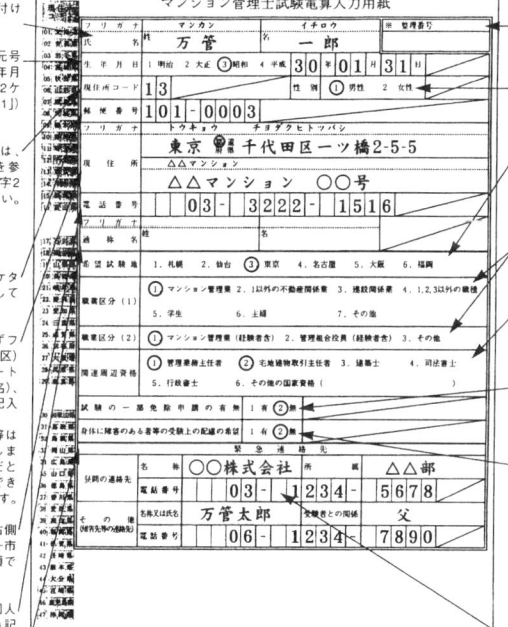

- 「氏名」欄は、戸籍に記入されている文字を使用し、必ずフリガナを付けてください。
- 「生年月日」欄は、元号の番号を○で囲み、年月日には該当する数字2ケタ（例：1の場合は「01」）で記入してください。
- 「現住所コード」欄は、左側の現住所コードを参照して、現住所の数字2ケタを記入してください。
- 「郵便番号」欄は、7ケタの数字を正確に記入してください。
- 「現住所」欄は、必ずフリガナを付けて、市（区）町村名、番地（アパート等の場合は、名称、室名）、○○様方まで正確に記入してください。
受験票及び合格通知等はすべて現住所に郵送しますので、記入が不正確だと郵便物が届かず、受験できなくなる場合があります。
- 「電話番号」欄は、右側につめて、市外局番―市内局番―電話番号の順で記入してください。
- 「通称名」欄は、外国人で通称名のある方のみ記入し、必ずフリガナを付けてください。
- 「緊急連絡先」欄は、受験申込書に不備があった場合などの連絡先として、必ず連絡がつく先を記入してください。

- 「※整理番号」欄は、記入しないでください。
- 「性別」欄は、男女どちらかを○で囲んでください。
- 「希望試験地」欄は、希望する試験地の番号を1カ所だけ○で囲んでください。
- 「職業区分」欄は、主たるものの番号を1カ所だけ○で囲んでください。
- 「関連周辺資格」欄は、取得しているものの番号をすべて○で囲んでください。
- 「試験の一部免除申請の有無」欄は、「有、無」のどちらかの番号を必ず○で囲んでください。
- 「身体に障害のある者等の受験上の配慮の希望」欄は、「有、無」のどちらかの番号を○で囲んでください。この欄の「無」の番号を○で囲んだ場合、又はどちらにも○がない場合は、「受験上の配慮」は行われませんので注意してください。
- 携帯電話も可とします。

— 8 —

17

PART 1　マンション管理士・管理業務主任者受験ガイド

マンション管理士試験受験申込書(裏面)

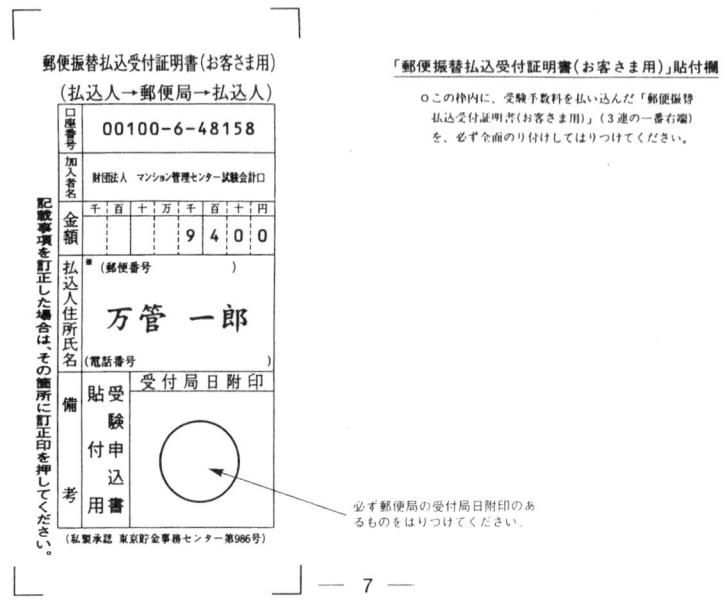

受験整理票

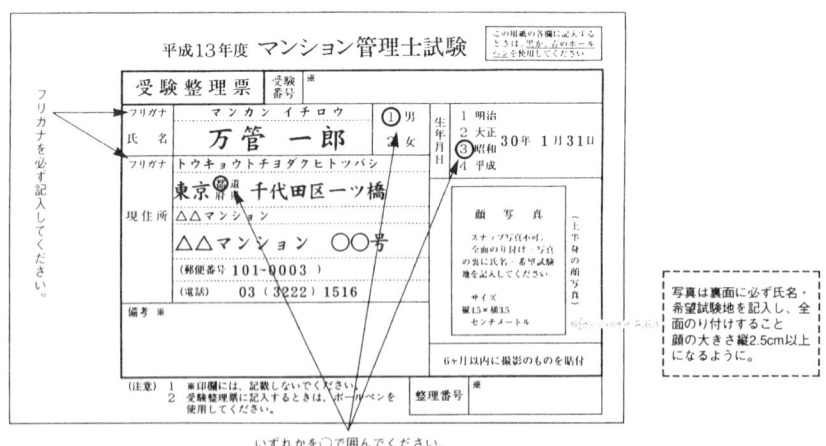

2 管理業務主任者試験の概要

(1) 管理業務主任者になるために

　管理業務主任者になるためには,国土交通大臣等の実施する管理業務主任者試験に合格し,管理業務主任者として登録することが必要です。

　管理業務主任者は,管理受託契約の重要事項の説明や管理業務の処理状況のチェック・報告など,マンション管理のマネジメント業務を担い,各事業所毎に国土交通省令が定める人数の設置が義務づけられることになります。

(2) 管理業務主任者試験の内容

① 管理事務の委託契約に関すること	民法(「契約」および契約の特別な類型としての「委託契約」を締結する視点から必要なもの),中高層共同住宅標準管理委託契約書等
② 管理組合の会計の収入および支出の調定ならびに出納に関すること	簿記,財務諸表論等
③ 建物および附属施設の維持および修繕に関する企画または実施の調整に関すること	建築物の構造および概要,建築物に使用されている主な材料の概要,建築物の部位の名称等,建築設備の概要,建築物の維持保全に関する知識およびその関係法令(建築基準法,水道法等),建築物等の劣化,修繕工事の内容およびその実施の手続きに関する事項等
④ マンションの管理の適	マンションの管理の適正化の推進に関す

正化の推進に関する法律に関すること	る法律，マンション管理適正化指針等
⑤ ①から④に掲げるもののほか，管理事務の実施に関すること	建物の区分所有等に関する法律（管理規約，集会に関すること等管理事務の実施を行うにつき必要なもの）等

(3) 平成13年度管理業務主任者試験ガイド

(1) **試験形式**　　50問四枝択一式の筆記試験（マークシート式）
(2) **試験実施日**　　平成13年12月16日（日）
(3) **受験料**　　8,900円
(4) **試験地**　　札幌，仙台，東京，名古屋，大阪，広島，福岡
(5) **申込書受付期間**
　　　平成13年10月1日（月）～10月12日（金）当日消印有効
(6) **合格者発表**

合格者については，平成14年2月上旬，社団法人高層住宅管理業協会から，受験者指定住所に配達記録郵便にて合格証書を郵送するほか，官報で公告されます。

また，不合格者については，不合格通知が郵送されます（配達記録郵便による）。

(7) **問い合わせ先**

　　〈指定試験機関〉　社団法人　高層住宅管理業協会
　　〒105-0001　東京都港区虎ノ門1-23-7（虎ノ門23森ビル3F）
　　TEL　03-3500-2720

PART 2

予想問題と解答・解説

1 マンション管理に関する法令および実務
　………………………………………新井泉太朗・天海義彦
2 管理組合の運営に関する問題……………………山畑哲世
3 マンションの建物設備に関する問題…………澤田博一
4 マンション管理適正化推進法・指針の問題
　……………………………………………………岡﨑泰造

1 マンション管理に関する法令および実務

<問1> 区分所有法に関する次の記述のうち，誤っているものはどれか。
1. 区分所有者とは，区分所有権を有する者をいう。
2. 専有部分とは，区分所有権の目的たる建物の部分をいう。
3. 共用部分とは，専有部分以外の建物の部分，専有部分に属しない建物の附属物をいう。
4. 敷地利用権とは，専有部分を所有するための建物の敷地に関する権利をいう。

解説
1. ○ 区分所有法2条2項のとおりである。
2. ○ 同法2条3項のとおりである。
3. × 同法2条4項において，共用部分とは，問題に掲げるもののほかに，規約の定めにより共用部分とされた附属の建物も含むとされ，3つである。問題の2つに限定されない。
4. ○ 同法2条6項のとおりである。

（正解　3）

<問2> 区分所有法に関する次の記述のうち，誤っているものはどれか。
1. 規約の設定，変更または廃止は，区分所有者および議決権の各4分の3以上の多数による集会の決議によってする。
2. 区分所有者は，共用部分につき他の区分所有者に対して有する債権について，債務者の区分所有権および建物に備え付けた動産の上に先取特権を有する。
3. 区分所有者は，全員で，建物ならびにその敷地および附属施設の管理を行うための団体を構成し，その団体で区分所有者の数が30人以上であるものは，区分所有法の定めにより法人となることができるが，その場合は，管理組合法人と称することになる。
4. 管理者がその職務の範囲内において第三者との間にした行為につき，第三者が区分所有者に対して有する債権は，その特定承継人に対して行うことができない。

解説
1. ○ 区分所有法31条1項前段のとおりである。
2. ○ 同法7条1項前段のとおりである。債権者の区分所有権には，債務者の共用部分に関する権利および敷地利用権も含まれている。
3. ○ 区分所有者によって結成される管理組合で区分所有者の数が30人以上であるものは，一定の手続を経れば法人となることができ，その場合，その法人は管理組合法人と称さなければならない（同法3条，同法47条1項および2項）。
4. × 同法29条2項によりできることになっている。

（正解　4）

<問3> 区分所有法に関する次の記述のうち，正しいものはどれか。
1．専有部分は規約で共用部分とすることができるが，この場合には，その旨の登記をしなければ，これをもって第三者に対抗することができない。
2．区分所有権は，建物の部分のみならず，建物の敷地についても及ぶのが原則である。
3．区分所有法は，建物の区分所有者相互間の関係について規定しており，区分所有者から専有部分を賃借している者等の占有者の権利および義務については，規定していない。
4．規約は，区分所有者の特定承継人に対してはその効力を生じないが，区分所有者の包括承継人に対してはその効力を生じる。

解説

1．〇 区分所有法4条2項に該当する。
2．× 区分所有権とは，一棟の建物に構造上区分された数個の部分で独立して住居，店舗，事務所または倉庫その他建物としての用途に供することができる建物の部分（同法1条。規約により共用部分とされたものを除く。）を目的とする所有権をいう（同法2条1項）から，区分所有権は敷地の部分には及ばない。
3．× 区分所有法は，区分所有者以外の専有部分の占有者から専有部分を賃借している者（占有者等）の権利および義務についても規定している（同法6条3項）。
4．× 規約は，区分所有者の特定承継人に対しても，その効力を生ずる（同法46条1項）。

（正解　1）

<問4> 区分所有法に関する次の記述のうち，正しいものはどれか。
1. 共用部分は，区分所有者全員の共用の登記を行わなければ，第三者に対抗することができない。
2. 規約の変更は，一部の区分所有者の権利に特別の影響を及ぼすべきときは，区分所有者および議決権の各4分の3以上の多数による集会の決議によってこれをすることができる。
3. 各共有者は共用部分の保存行為をすることができない。
4. 建物の管理に関する経費の負担については，規約で定めることができ，区分所有者および議決権の各4分の3以上の多数による集会の決議によってなされる。

解説

1. × 法定共用部分（廊下・階段等）は，その性質上，共用することが予定されている法律上の部分で，そもそも登記をすることができない（区分所有法4条1項，不動産登記法91条3項）。
2. × 規約の変更が一部の区分所有者の権利に特別の影響を及ぼすべきときは，その区分所有者の承諾を得なければならない（同法31条1項後段）。
3. × 共用部分の保存行為は，各共有者が単独で行うことができるのが原則である（同法18条1項但書）。
4. ○ 同法30条1項および31条1項のとおりである。

（正解　4）

<問5> 区分所有法に関する次の記述のうち，正しいものはどれか。

1. 区分所有者は，敷地利用権を数人で有する場合，規約に別段の定めがない限り，その有する専有部分とその専有部分に係る敷地利用権とを分離して，処分することができる。
2. 共用部分の変更（改良を目的とし，かつ著しく多額の費用を要しないものを除く）は，集会の決議の方法で決することが必要で，規約によっても，それ以外の方法による旨を定めることはできない。
3. 共用部分につき損害保険契約を締結することは，共用部分の管理に関する事項にはならない。
4. 管理者を，その職務に関し，区分所有者のために，原告または被告とする場合は，集会の決議の方法で決することが必要で，規約によっても，それ以外の方法による旨定めることはできない。

解説

1. × 敷地利用権が数人で有する所有権その他の権利である場合は，区分所有者は，原則として専有部分とその敷地利用権とを分離して処分することはできないが，例外として規約で分離処分ができる旨を定めた場合はこの限りではない（区分所有法22条1項）。
2. ○ 共用部分の変更（改良を目的とし，かつ，著しく多額の費用を要しないものを除く。）は，区分所有者および議決権

の各4分の3以上の賛成が必要だが，規約で，区分所有者の定数を過半数まで引き下げることができる（同法17条1項）。しかし，それ以外については，規約で別段の定めをすることはできない。

3．× 共用部分につき損害保険契約をすることは，共用部分の管理に関する事項とみなすとされている（同法18条4項）。

4．× 規約によって，管理者を，その職務に関し，区分所有者のために，原告または被告とすることができる（同法26条4項）。

（正解　2）

<問6> 区分所有法の「建替え」に関する次の記述のうち，正しいものはどれか。

1. 区分所有建物の価格の2分の1を超える部分が滅失したとき（いわゆる大規模滅失）は，集会において，区分所有者および議決権の各4分の3以上の多数で，滅失した共用部分を復旧するための決議をすることができるが，規約で別段の定めをすることができる。
2. 区分所有法62条の老朽による建替えの決議が集会においてなされた場合，当該決議に賛成しなかった区分所有者も，建替えに参加しなければならない。
3. 区分所有建物の価格の2分の1以下に相当する部分が滅失したとき（いわゆる小規模滅失）は，各区分所有者は，滅失した共用部分および自己の専有部分を復旧することができるが，規約で別段の定めをすることができる。
4. 建替え決議に賛成した各区分所有者は，建替えに参加しない旨を回答した区分所有者に対して，区分所有権および敷地利用権を時価で売り渡すべきことを請求することができる。

解説

1. ×　大規模滅失（滅失した部分が建物の価格の2分の1を超える滅失）についての決議要件に関しては，本問のとおりである（区分所有法61条5項）。また，共用部分の復旧を集会で決議する際の決議要件については，規約で別段の定めをすることができる旨の規定は存しない。

2．×　建替えに参加するか否かは任意であるので,「建替えに参加しなければならない」とする点は,誤っている。
3．×　同法61条1項において問題のとおりとされているが,規約で別段の定めができる旨の定めはない（同法17条1項但し書）。
4．○　同法63条4項のとおりである。

（正解　4）

<問7> 区分所有法の「占有者の権利義務」に関する次の記述のうち，誤っているものはどれか。

1. 区分所有者以外の専有部分の占有者は，建物の保存に有害な行為その他建物の管理または使用に関し区分所有者の共同の利益に反する行為をしてはならない。
2. 区分所有者の承諾を得て専有部分を占有する者は，会議の目的たる事項につき，利害関係を有する場合には，集会に出席することができるが，意見を述べることはできない。
3. 区分所有者以外の専有部分の占有者は，建物その敷地若しくは附属施設の使用方法につき，区分所有者が規約または集会の決議にもとづいて負う義務と同一の義務を負う。
4. 占有者が，区分所有者の共同の利益に反する行為をした場合またはその行為をするおそれがある場合には，他の区分所有者の全員または管理組合法人は，区分所有者の共同の利益のためその行為を停止し，またはその行為を予防するため必要な措置をとることを請求することができる。

解説

1. ○ 区分所有法6条3項により，同条1項の規定（共同利益に反してはならないという条項）が準用されている。
2. × 集会に出席した上で意見を述べることはできる（同法44条1項）。
3. ○ 同法46条2項のとおりである。
4. ○ 同法57条1項および4項のとおりである。

（正解　2）

1 マンション管理に関する法令および実務

<問8> 区分所有法の「管理組合法人」に関する次の記述のうち、正しいものはどれか。
1．管理組合法人に理事が数人あるときは、その全員が共同してのみ管理組合法人を代表する。
2．管理組合法人には、必ず監事を置かなければならない。
3．区分所有者の団体で、区分所有者の数が30人以上であるものは、区分所有者および議決権の各4分の3以上の多数による集会の決議で法人となる旨ならびにその名称および事務所を定めたときに法人となる。
4．管理組合法人の財産をもってその債務を完済することができないときは、区分所有者は、その債務の弁済の責めに任じない。

解説

1．× 管理組合法人には、理事を置かなければならず（区分所有法49条1項）、理事は、管理組合法人を代表するが（同条2項）、理事が数人あるときは、各自管理組合法人を代表する（同条3項）。
2．○ 同法50条1項のとおりである。
3．× 区分所有者の団体で、区分所有者の数が30人以上であるものは、区分所有者及び議決権の各4分の3以上の集会の決議で法人となる旨ならびにその名称および事務所を定め、かつ、その主たる事務所の所在地において登記をすることによって法人となる（同法47条1項）。本問は、登記が欠けている点が誤りである。
4．× 同法53条1項により、区分所有者は共用部分の持分割合（同法14条1項）によってその債務の弁済の責めに任ずる。

（正解　2）

<問9> 区分所有法の「義務違反者に対する措置」に関する次の記述のうち，誤っているものはどれか。

1．共同の利益に反する行為をした区分所有者に対して，他の区分所有者は，その違反行為の停止等の請求をすることができる。
2．共同の利益に反する行為をした占有者に対して，他の区分所有者は，その違反行為の停止等の請求をすることができる。
3．共同の利益に反する行為をした区分所有者に対して，他の区分所有者は，区分所有者の共同生活上の障害が著しく，違反行為の停止などの請求によっては，その障害を除去して共用部分の利用の確保やその他の区分所有者の共同生活の維持を図ることが難しい場合には，相当の期間当該専有部分の使用の禁止を請求することができる。
4．共同の利益に反する行為をした占有者に対して，他の区分所有者は，区分所有者の共同生活上の障害が著しく，違反行為の停止などの請求によっては，その障害を除去して共用部分の利用の確保やその他の区分所有者の共同生活の維持を図ることが難しい場合には，相当の期間当該専有部分の使用の禁止を請求することができる。

解説

1．○ 区分所有法57条1項のとおりである。
2．○ 同法57条4項のとおりである。
3．○ 同法58条1項のとおりである。
4．× 占有者に対しては，使用禁止の請求ができるとの規定はない。また解釈上も認められていない。

（正解　4）

<問10> 中高層共同住宅標準管理規約（標準管理規約）に関する次の記述のうち，誤っているものはどれか。

1. 標準管理規約では，区分所有者は，原則として，敷地または共用部分等の分割を請求することができると定めた。
2. 標準管理規約では，特定の区分所有者に対して駐車場を使用させる方法として，管理組合と当該特定の区分所有者との間で駐車場契約を締結するという方式をとった。
3. 標準管理規約では，区分所有者が専有部分の修繕等を行おうとする場合には，あらかじめ管理組合理事長に申請し，書面による承認を受けなければならないと定めた。
4. 標準管理規約では，駐車場使用料その他の敷地および共用部分等に係る使用料は，それらの管理に要する費用に充てるほか，修繕積立金として積み立てると定めた。

解説

1. × 標準管理規約11条1項は「区分所有者は，敷地又は共用部分等の分割を請求することはできない。」と定めている。
2. ○ 同規約15条1項のとおりである。
3. ○ 同規約17条1項のとおりである。
4. ○ 同規約28条のとおりである。

（正解　1）

PART 2 予想問題と解答・解説

<問11> 契約の法的性質の原則に関する次の記述のうち、誤っているものはどれか。
1. 売買は、有償、双務、諾成の契約である。
2. 賃貸借は、有償、双務、諾成の契約である。
3. 請負は、有償、双務、諾成の契約である。
4. 委任は、有償、双務、諾成の契約である。

解説
1. ○ そのとおり正しい（民法555条）。
2. ○ そのとおり正しい（同法601条）。
3. ○ そのとおり正しい（同法632条）。
4. × 委任は、無償、片務、諾成が原則であり、例外的に報酬支払いの特約をすれば有償、双務、諾成となるので、原則ではない（同法643条、648条）。

（正解　4）

<問12> 契約の有効性に関する次の記述のうち，誤っているものはどれか。

1．契約の内容の重要部分が，解釈などによって確定し得ることが必要である。
2．契約の内容が，そもそも実現不可能なものは契約を有効とすることができない。
3．契約の内容が，公序良俗に反するものは無効であるが，一定の場合には追認することができる。
4．契約の内容は，強行規定に反してはいけないことが必要である。

解説

1．○ 契約の内容の重要部分が確定し得ないような不明確な契約は，法的保護に値しない。確定性は契約の有効要件の1つである。
2．○ そもそも実現不可能な契約は，法的保護に値しない。実現可能性は契約の有効要件の1つである。
3．× 公序良俗に反する契約は絶対的無効であり（民法90条），追認することは許されない。
4．○ 契約は，公共の福祉の範囲内でなければ認められないわけであるから，公の秩序に関する規定，すなわち強行規定に反することはできない。

（正解　3）

<問13> 代理に関する次の記述のうち，正しいものはどれか。
1．代理人は，本人のためにすることを示して代理行為をしなければならない。
2．代理人は，制限能力者であってはならない。
3．権限の定めのない代理人は，保存行為をなす権限しか有しない。
4．何人といえども，当事者双方の代理人となることはできず，例外は認められない。

解説
1．○　民法99条1項のとおりである（代理行為の顕名主義）。
2．×　同法102条により，代理人は能力者たることを要しない。
3．×　権限の定めなき代理人は保存行為のほか，代理の目的たる物または権利の性質を変えざる範囲内においてその利用または改良を目的とする行為をすることができる（同法103条2項）。
4．×　同法108条により，原則として双方代理は禁止されているが，債務の履行については例外がある。例えば，登記申請の代理人（司法書士）などがそうである。

（正解　1）

<問14> 抵当権に関する次の記述のうち，誤っているものはどれか。
1．抵当権は，債務者以外の第三者の所有物には設定することができない。
2．抵当不動産を買い受けた第三者が抵当権者の請求に応じてその代価を弁済したときは，抵当権はその第三者のために消滅する。
3．抵当権は，不動産だけでなく，地上権および永小作権にも設定することができる。
4．抵当権の効力は，抵当土地の上に存在する建物には及ばない。

解説

1．× 第三者の所有物に対しても設定することができる（民法369条1項）。この場合の第三者を物上保証人という。
2．○ 同法377条のとおりである。第三者の代価弁済である。
3．○ 抵当権は，登記，登録等によって公示できるものについて設定することができる。地上権，永小作権は物権であるから，登記によって公示することができ（同法177条），抵当権を設定することも可能である（同法369条2項）。
4．○ 抵当権の効力の及ぶ範囲は，同法370条1項で，抵当地の上に存する建物には及ばないと規定されている。

（正解　1）

<問15> 供託に関する次の記述のうち，供託として有効でないものはどれか。
1．複数の債権譲渡通知が到達したが，到達時の先後が不明のため，供託をした場合。
2．弁済をするつもりで，債権者宅に対して電話をしたところ，家人が本人不在で受領できないと答えた場合に，供託をした場合。
3．債権者があらかじめ弁済の受領を拒絶しているときに，適法な履行の提供をしないで供託をした場合。
4．債権者の死亡後，この債権の相続人だと名乗り出る人が数人いて，誰が確定的な相続人なのか知り得ないため，供託をした場合。

解説

1．○　2．○　3．×　4．○

弁済供託の要件として，民法494条は①債権者の弁済受領拒絶，②債権者の受領不能，③債権者不確知の3つの場合を定めている。

1．と4．は，上記③の場合にそれぞれ相当する。

2．は，判例上，上記②の受領不能の場合にあたるとされている（大判昭和9．7．17・民集13―1217）。

3．は，上記①に該当するかのように思えるが，判例上，債権者があらかじめ受領を拒否した場合でも，債務者は「適法な履行の提供」をした後でなければ，供託をしても債務を免れることはできないとされている（大判明治40．5．20・民録13―576）。

（正解　3）

1　マンション管理に関する法令および実務

<問16> 中高層共同住宅標準管理委託契約書（標準管理委託契約書）において規定されている管理業者の権利義務に関する次の記述のうち，誤っているものはどれか。
1．管理業者は，善良な管理者の注意をもって管理組合の委託業務を行わなければならない。
2．管理業者は，委託業務を行うために必要であっても，管理組合の組合員および占有者に対し，規約違反等の有害行為の中止を求めることができない。
3．管理業者は，管理業者の従業員がその業務の遂行に関し管理組合または組合員に損害を及ぼしたときは，管理組合または組合員に対して使用者としての責任を負う。
4．管理業者は，管理組合の事業年度前に，管理組合に対し委託業務を行うために必要な費用の見積りを提出して承認を受けるべきである。

解説
1．○　標準管理委託契約書5条のとおりである。
2．×　同契約書12条で委託業務を行うため必要なときは，規約違反等の有害行為の中止を求めることができるとされている。
3．○　同契約書16条のとおりである。
4．○　同契約書7条のとおりである。

（正解　2）

<問17> 宅地建物取引業者Aが自ら売主として，マンション（代金6,000万円，手付金600万円）の売買契約を宅地建物取引業者でない買主Bと締結をした場合に関する次の記述のうち，宅地建物取引業法（宅建業法）および民法の規定によれば，正しいものはどれか。

1. 手付について，Bが一括しては払えないというので，200万円ずつ3回に分割して支払うことと定めた場合，その定めは宅建業法に違反しない。
2. 契約に「Aは物件の引渡しの日から2年間瑕疵担保責任を負うが，Bが知っていた瑕疵についてはその責任を負わない」旨定めた場合は，その定めは無効である。
3. 契約に「債務不履行による契約の解除に伴う損害賠償額の予定及び違約金の合計額を代金の額の3割とする」旨定めた場合，その定めは，当該合計額につき1,200万円を超える部分については，無効である。
4. 契約に「当事者の一方が契約の履行に着手するまでは，Bは手付金600万円を放棄して，Aは1,800万円を償還して，契約を解除することができる」旨定めた場合，その定めは無効である。

解説

1. × 宅建業者は，業務に関し相手方に対し，手付について信用の供与をすることで，契約締結の誘引をしてはならない（宅建業法47条3号）。手付の分割払いも信用の供与にあたる。

2．×　買主が知っていた場合には，瑕疵担保責任を負わないとする特約は，民法の規定と同じなので，有効である（同法40条，民法570条，566条）。

3．○　損害賠償額の予定と違約金を合算して，代金の10分の2を超えてはならず，超えた場合には，超えた部分が無効となる（同法38条）。

4．×　売主である宅建業者が，受領した手付の倍額である1,200万円を超える額（1,800万円）を償還して契約を解除することは，買主に有利な特約であるので，有効である（同法39条2項および3項）。

（正解　3）

<問18> 建築基準法の建物の維持保全に関する次の記述のうち，誤っているものはどれか。

1. 建築物の所有者，管理者または占有者は，その建築物の敷地，構造および建築設備を建築物の完成時において，適法な状態に維持するように努めなければならない。
2. 建築基準法に規定する建築物の所有者または管理者は，その建築物の維持保全に関する準則または計画を作成し，その他適正な措置を講じなければならない。
3. 建築基準法に規定する建築物その他政令で定める建築物で特定行政庁が指定するものの所有者，管理者は，当該建築物の敷地，構造および建築設備について，定期に，その状況を一級建築士等の資格者に調査させて，その結果を特定行政庁に報告しなければならない。
4. 建築基準法に規定する維持保全の定期報告の時期は，原則として，建築物の用途，構造，延べ面積等に応じて，おおむね6月から3年までの間隔をおいて特定行政庁が定める時期とする。

解説

1. × 「常時」適法な状態に維持するよう努めなければならない（建築基準法8条1項）とされている。
2. ○ 同法8条2項のとおりである。
3. ○ 同法12条1項のとおりである。
4. ○ 同法施行規則5条1項のとおりである。

（正解　1）

1 マンション管理に関する法令および実務

<問19> 区分所有建物の防火管理者に関する次の記述のうち，誤っているものはどれか。

1．区分所有建物に管理組合が設けられている場合は，原則として管理組合の役員から防火管理者を選任するように所轄の消防署から指導を受けることになる。
2．防火管理者は，消防計画を作成しこれに基づいて消火・通報および避難の訓練を定期的に実施しなければならない。
3．区分所有建物に管理組合が設けられていない場合で，管理会社に管理業務を委託している場合は，管理業務委任契約に防火管理業務を行うことが規定されていなくても，その管理会社から防火管理者を選任することができる。
4．防火管理者は，消防の用に供する設備，消防用水もしくは消火活動上必要な施設の点検および整備または火気の使用もしくは取扱いに関する監督を行うときには，火元責任者その他，防火管理の業務に従事する者に対し，必要な指示を与えなければならない。

解説

1．○ 「共同住宅等に対する防火管理指導について」（依命通達，平成元年7月7日指示第385号消防庁指導広報部長から，各部長等，消防署長あて）の第2，1(1)，アで本問のとおり指導すべきこととされている。
2．○ 消防法施行令4条3項のとおりである。
3．× 前記通達の第2，4において，管理会社に管理業務を委託

している場合には，
(1) （管理会社が）防火管理業務を適正に行えること。
(2) 委託契約書等に防火管理業務を行うことが規定されていること。
の条件を満たす場合に限り，防火管理者を管理会社から選任することができるとしている。
4．○ 同法施行令4条2項のとおりである。

（正解　3）

<問20> 住宅の品質確保の促進等に関する法律（住宅品確法）にもとづく瑕疵担保責任の特例に関する次の記述のうち，誤っているものはどれか。

1. 住宅品確法88条は，新築住宅売買契約における「構造耐力上主要な部分または雨水の侵入を防止する部分」の瑕疵について，10年間の瑕疵担保責任を強制する強行法規であり，これに反する特約は無効となる。
2. 宅建業法の瑕疵担保責任は，宅地建物取引業者が自ら売主となる場合であれば，新築，中古の区別を問わないが，住宅品確法の対象となる住宅は新築のみである。
3. 新築マンションを購入した甲が，取得後3年目に乙に当該マンションを譲渡し，引渡を受けた乙が瑕疵を発見した。この場合は，乙が直接にマンションの分譲会社に対して修補請求等をすることができる。
4. 売買の瑕疵担保責任については，民法上は明文では損害賠償および契約解除（契約の目的を達成できない場合に限られる）とされているが，住宅品確法88条においては瑕疵修補も認められている。

解説

1. ○ 住宅品確法88条による。
2. ○ 同法88条1項の規定により，新築住宅に限定されている。
3. × 同法88条1項の修補等を売主に直接請求ができるのは，当初の買主に限定されている。

4．○ 同法88条1項，民法570条，566条1項，634条1項および2項前段のとおりである。売買の場合は，民法上は本問のとおりであるが，住宅品確法上は民法の損害賠償および契約解除の規定だけでなく，民法634条1項および2項前段の瑕疵修補請求も認められるとしている。

（正解　3）

1 マンション管理に関する法令および実務

<問21> 支払督促手続に関する次の記述のうち，誤っているものはどれか。

1. 支払督促制度は，債権の目的が「金銭その他の代替物または有価証券の一定の数量の給付」の場合に限定される。
2. 支払督促には，債務者が支払督促の送達を受けた日から1週間以内に督促異議の申立てをしないときは債権者の申立てにより仮執行の宣言をする旨を付記することが要求される。
3. 支払督促の申立ては，請求の価格にかかわらず債務者の普通裁判籍の所在地を管轄する簡易裁判所に対し行い，簡易裁判所から支払督促が発せられる。
4. 支払督促が確定した場合，判決と同様の効力があり，債務者に対して強制執行の手続をとることができる。

解説

1. ○ 支払督促とは，民事訴訟法上「督促手続」と言われており，その債権の目的は「金銭その他の代替物または有価証券の一定の数量の給付」の場合を対象としている（民事訴訟法382条）。
2. × 督促異議の申立ては，債務者が支払督促の送達を受けた日から2週間以内になすことが必要である（同法387条）。
3. ○ 申立ては簡易裁判所に対して行う。請求の価格について制限はない（同法382条，383条）。
4. ○ 仮執行の宣言を付した支払督促に対し，異議の申立てがない場合，または異議却下の決定が確定された場合において，支払督促は確定判決と同一の効力を有する（同法396条）。

（正解　2）

<問22> 少額訴訟制度に関する次の記述のうち，正しいものはどれか。
1．1人の原告が同一簡易裁判所において同一年内にできる少額訴訟手続きの利用回数の制限は，5回以内とされている。
2．少額訴訟手続による審理を希望しない場合には，簡易裁判所の通常の手続による審理を求めることができる。
3．少額訴訟を起こす場合は，訴状を作成して，相手方の住所地を管轄する地方裁判所に提出する。
4．少額訴訟制度は原則として，原告の口頭弁論とその次の被告の口頭弁論の合計2回の期日で審理を終了し，口頭弁論終結後直ちに判決が言い渡されるものである。

解説

1．× 利用回数は10回以内に制限されている（民事訴訟法368条1項，同規則223条）。
2．○ 同法373条1項のとおりである。
3．× 少額訴訟は地方裁判所では行うことはできず，簡易裁判所に対してのみ提起する（同法368条1項）。
4．× 原則として1回の期日で審理は終了し，口頭弁論期日終結後直ちに判決が言い渡される（同法370条1項，1期日審理の原則）。

（正解　2）

2 管理組合の運営に関する問題

<問1> 管理規約について,以下の記述で正しいものはどれか。

1. マンションの分譲は,建物の完成前に行なわれる青田売りが一般的である。そのために,実務上は,区分所有者で構成される管理組合の成立とともに,マンションの管理運営に関する区分所有者相互間の事項である管理規約が制定されるように,分譲業者の作成した管理規約案をあらかじめ購入者に提示し,その承諾を得る方式が一般的に行われている。
2. 管理規約は,本来は区分所有者による集会を開催して決議すべきものであるが,実務上は分譲業者が管理規約案をあらかじめ作成するのが一般的である。そして,この場合の管理規約案は,必ず公正証書にしなければならない。
3. 公正証書による規約は,集会において決議された規約とは異なるため,集会での特別決議では変更または廃止は行えず,必ず公正証書により変更または廃止をしなければならない。
4. 管理組合の成立は,管理規約が成立した時点であり,管理規約の成立が遅れると,管理組合の成立も遅れることになる。

解説
1. ○ 分譲業者の立場からは,最初の契約者から順次契約者を代

位して，建物の引渡しの後の区分所有者となる者の合意形成の仲立ちをするもので，建物の引渡しに伴う管理規約の制定・発効の途を区分所有法45条（書面決議）の規定に求めたものである。

2．× 必ず公正証書にしなければならないわけではない。ただし，次の一定の事項を定める場合は，必ず公正証書にしなければならず，それを公正証書によらないで設定した場合には，その規約は無効となる。公正証書により設定しなければならない規約は，次の4つに限られる。①規約共用部分を定める規約，②規約敷地を定める規約，③専有部分と敷地利用権を分離して処分することができる旨を定める規約，④各専有部分に係る敷地利用権の割合を定める規約。

3．× 公正証書による規約の効力は，集会の決議等によって成立した規約と異なるところがない。区分所有関係が生じた後には，本規約は，集会の決議等の一般の手続に従って変更または廃止をしなければならない。

4．× 管理組合の成立は区分所有法3条により，区分所有関係が成立した時点であり，最初の1件の所有権が移転したときに法的には当然に管理組合が成立することになる。管理規約の成立とは関係ない。

※ **公正証書**とは，公証人（法務大臣によって任命され，その指定した法務局または地方法務局に所属する公務員で，通常は公証役場において執務する）が当該事項についての利害関係人の嘱託により一定の権利・義務に関する事実について作成した証書をいう。

（正解　1）

<問2> 管理組合の組織について、以下の記述で正しいものはどれか。

1. 管理組合成立のためには、集会を開き、規約を定め、管理者を置く必要があり、どちらか一つでも欠けたら、管理組合は成立しない。
2. 区分所有者の数が30人以上あり、集会において法人となる旨、その名称、事務所を特別決議により定め、かつ、その主たる事務所の所在地において登記をすることによって管理組合法人となることができる。
3. 管理組合法人には執行機関としての理事および監査機関としての監事の選任が義務づけられており、管理組合には理事会の設置が義務づけられている。
4. 管理組合と管理組合法人の相違点は、それほどないが管理組合法人にすれば公益法人としての扱いを受けるので、税法上メリットがある点が大きな違いである。

解説

1. × 管理組合が、実質的に機能するためには、①集会を開き、②規約を定め、③管理者を置く必要があるが、①、②および③の設置は任意である。
2. ○ そのとおり。区分所有法47条。
3. × 管理組合法人では、理事および監事の設置は必須であるが、管理組合では「管理者」の規定があるのみで、理事会のことは区分所有法では何ら規定されていない。しかも、管理

> 者の設置は任意である。しかし，実務では理事会を設置し，任意の理事および監事を選任して運営しているのが一般的である。
> 4．×　管理組合法人にしたからといって，税法上優遇措置を受けるわけではない。法人化による税法上の恩恵は何もない。

※**管理組合法人の登記事項**〔設立の登記〕（組合等登記令2条）
　①目的および業務
　②名称
　③事務所
　④代表権を有する者の氏名・住所および資格
　⑤共同代表の定めがあるときはその定め

（正解　2）

<問3> 集会の運営について，以下の記述で正しいものはどれか。

1．区分所有者の5分の1以上で議決権の5分の1以上を有するものは，管理者に対し，会議の目的たる事項を示して，集会の招集を請求することができるが，この定数は，規約によって減ずることができる。
2．集会招集の通知に際しては，区分所有法の定めにより，原則として会日より少なくとも1週間前に会議の目的たる事項を示して，各区分所有者に到達しなければならないとされている。
3．管理組合は区分所有者を構成員とする団体なので，集会招集の通知は区分所有者にすればよく，賃借人等の占有者には議題を一切知らせる必要はない。
4．総会に参加する人数が少ないので，総会議案書を送付するに際して，「書面の提出がない場合は，議案に賛成したものとみなす」と扱うことは有効である。

解説

1．○　区分所有者および議決権の各5分の1以上を有する者は，管理者に対し会議の目的たる事項を示して，集会の招集を請求することができる。これは，少数区分所有者に集会の招集請求権を認めたものである。この定数は，規約で減ずることができる。「この定数」とは，「区分所有者の5分の1」および「議決権の5分の1」を指す。したがって，規約によって両者の「5分の1」という割合を減ずることもできるし，また，区分所有者の人数の5分の1のみで足り

るとすることもできる。しかし、「減ずることができる」と規定していることから、この定数を引き上げることはできない。

2．×　集会の招集通知は、会日より少なくとも1週間前に、各区分所有者に発しなければならない（発信主義）。旧法では到達主義がとられていたが、新法では発信主義になったと解されている。ただし、「1週間」という期間は、規約によって伸長し、または短縮することができる。なお、「会日より少なくとも1週間前に」とは、招集通知を発する日と会議の開催日との間に中1週間を置くことである（例えば、4月20日の日曜日に会議を開く場合は、4月12日の土曜日中には遅くとも発信しなければならない）。

3．×　占有者は、区分所有者が建物、敷地、附属施設の使用方法について規約または集会の決議にもとづいて負う義務と同一の義務を負う（区分所有法46条2項）のであるから、集会の目的たる事項が、これらの使用方法に関するものである場合には、集会に出席して意見を述べることができる（占有者の意見陳述権）。その場合には、集会を招集する者は、招集の通知を発した後遅滞なく、集会の日時、場所および会議の目的たる事項を建物内の見やすい場所に掲示しなければならない（同法44条2項）。

4．×　このような扱いは無効である。

（正解　1）

<問4> 管理組合が訴訟をする場合について，以下の記述で正しいものはどれか。

1. 法人でない管理組合には，民事訴訟法上の当事者能力が認められないので，訴訟をする場合は管理者である理事長を原告または被告とする必要がある。
2. 管理者への訴訟追行権は，規約または集会の決議にもとづくことを要するが，いずれの場合でも，管理者の職務につき包括的に訴訟追行権を与えることも，事項を限定して与えることもできる。
3. 区分所有法26条4項では管理者が区分所有者のために，原告または被告となることができる旨を規定しているが，これは管理者が区分所有者の訴訟代理人となるということである。
4. 規約により訴訟追行権を与えられている管理者が原告となって訴えを提起し，または自己を被告とする訴えを提起されたときは，その旨を区分所有者に通知しなければならない。

解説

1. × 管理組合が権利能力なき社団としての実態を有しているときには，管理組合はその団体の名において訴え，または訴えられることができる（民訴法29条）。したがって，法人でない管理組合は民訴法29条により団体の名においても，または管理者の名においても，その選択に従い，いずれの方法でも訴えまたは訴えられることができる。
2. × 集会の決議による訴訟追行権の授権は，包括的に与えるこ

とはできず，必ず個々の事案ごとに個別的にされなければならない。

3．× これは管理者が区分所有者の訴訟代理人となるのではなく，管理者が自己の名において訴訟の当事者となるということである。原告または被告となるとあるが，民事訴訟に限定されず，民事調停，起訴前の和解，支払督促，民事保全，民事執行等の各当事者となることもできる。

4．○ そのとおり。区分所有法26条5項に規定する通知は，提起された訴訟に関する管理者の訴訟追行権につき区分所有者に監督の機会を与えるためのものであり，区分所有者は管理者の訴訟追行に不満があれば，25条2項により解任し，あるいは民訴法64条によりその訴訟に補助参加することができる。

※管理組合の当事者能力について

　管理組合が訴訟をする場合は，①各区分所有者が訴訟を提起できるのか，②管理者（区分所有法25条）として訴訟を提起できるのか，③管理組合（民訴法29条）として訴訟を提起できるのか，必ずしも明確ではない。

　問4(1)の場合でも，すべてのケースで民訴法29条が使えるわけではなく，場合によっては区分所有法25条の管理者として訴訟提起しなければならない場合もある。管理者として訴訟提起しなければならないケースとして，不法占拠者に対する妨害排除請求等があげられる。

（正解　4）

<問5> 義務違反者に対する措置について，以下の記述で正しいものはどれか。

1. 区分所有者が共同の利益に反する行為をした場合，またはその行為をするおそれがある場合には，他の区分所有者の全員または管理組合法人は，その行為の差止めを請求することができるが，この場合の総会決議は区分所有者および議決権の各過半数の賛成でよい。
2. 区分所有者が共同の利益に反する行為をした場合，またはその行為をするおそれがある場合には，他の区分所有者の全員または管理組合法人は，その行為の差止めを請求することができるが，この場合は，当該区分所有者に対して弁明の機会を与えなければならない。
3. 区分所有者が共同の利益に反する行為をした場合の使用禁止請求権行使の効果として，共同生活からの一時的排除を受ける者は，当該行為にかかる区分所有者であるが，その家族等占有補助者の使用も禁止され，他人に賃貸して使用させることも許されない。
4. 区分所有法が規定する義務違反者に対する措置には，差止請求，使用禁止請求，競売請求，契約解除・明渡請求があるが，管理組合の選択により，最初に競売請求の訴訟を提起してもよい。

解説

1. ○ 差止請求は普通決議でよい。差止請求以外の義務違反者に対する措置は特別決議事項であるが，これと間違わないこと。また，差止請求は裁判外でも行使できる。
2. × 差止請求では，当該区分所有者または占有者に対して弁明

の機会を与える必要はない。
3．× 賃貸に出すことは許される。
4．× 競売請求が認められるのは，差止請求および使用禁止請求をもってしても，他の区分所有者の共同生活の維持を図ることが困難な場合に限られる。

※義務違反者に対する措置のまとめ

	区分所有者	占有者（賃借人）		
①差止請求（57条）	普通決議（1/2超）	普通決議（1/2超）	「弁明の機会」	「集会の決議」
②使用禁止請求（58条）	特別決議（3/4以上）	×		
③競売請求（59条）	特別決議（3/4以上）	×		
④契約解除・明渡請求（60条）	○	特別決議（3/4以上）		

（必要的共同訴訟）

(1) 訴訟提起を管理者に授権し，または訴訟提起すべき区分所有者を決定する決議は，「普通決議」（1/2超）でよい。ただし，この訴訟追行権は，26条4項の場合と異なり，規約であらかじめ与えておくことはできず，必ず個々の事案ごとに集会の決議で付与しなければならない。

(2) 「使用禁止請求（58条）」，「競売請求（59条）」，「契約解除・明渡請求（60条）」について，共通に認められる要件
  (a) 区分所有法6条1項に規定する共同の利益に反する行為をしたこと，またはその行為をするおそれがあること。
  (b) その行為による区分所有者の共同生活上の障害が著しいこと。
  (c) 57条の差止請求その他の方法によっては，その障害を除去して共用部分の利用の確保その他の区分所有者の共同生活の回復，維持を図ることが困難であること。

　これらのすべての場合について，その請求は「**訴訟によって**」のみ可能であり，この訴訟をするには，「**集会による特別決議**」が必要である。しかも，この集会による特別決議をするには，あらかじめ当該区分所有者（または，当該占有者）に対し，「**弁明の機会**」を与えなくてはならない。

（正解　1）

2 管理組合の運営に関する問題

<問6> 以下の記述は，区分所有法の規定と標準管理規約の規定を比較したものであるが，この中で誤っているものはどれか。

1．標準管理規約では，区分所有者の団体を管理組合と称しているが，区分所有法では，単に団体と規定しているだけである。
2．標準管理規約では，区分所有者の最高意思決定機関を総会と称しているが，区分所有法では，集会と規定している。
3．マンションでは，駐車場の使用を巡ってトラブルとなることが多く，区分所有法では，駐車場を使用できる権利は専用使用権であると規定している。そして，専用使用権にもバルコニーの専用使用権と駐車場の専用使用権があるので標準管理規約では，その場所，内容，使用期間，使用料等をさらに具体的に規定している。
4．法人格なき管理組合では業務執行機関として理事会が置かれるのが一般的であるが，理事会については区分所有法には特に規定がなく，管理者制度の規定があるだけである。

解説

1．○　区分所有法3条により成立する団体のことを実務上管理組合と称している。同法3条は，区分所有者が何らの行為をするまでもなく，区分所有法の定めるところにより当然に，他の区分所有者と共同で建物等の管理をする仕組みの中に組み込まれ，さまざまな団体的な拘束を受ける関係に立つことを確認的に宣言したものである。

2．○　そのとおり。総会は，毎年定期的に開催される「定期総会」と，必要なつど臨時に開催される「臨時総会」がある。

3．×　専用使用権については，区分所有法には規定がない。これは，標準管理規約で規定している用語である。専用使用権とは，建物の共用部分および敷地を特定の区分所有者または特定の第三者が排他的に使用する権利である（建物の共用部分では屋上，ベランダ・バルコニー，敷地では駐車場，庭に関して設定されることが多い）。特に駐車場に関してはトラブルが多いが，駐車場が使用できる権利を専用使用権と言っていたために，この言葉を見ると物権的な誰に対しても主張できる権利のようなイメージを持たれて，変に誤解されていた点があった。そのために平成9年版標準管理規約では改正されている。つまり，バルコニーについては専用使用権という用語を使っているが，駐車場についてはトラブルが多いので使用できる権利は物権ではなくて，単なる債権である，賃貸借契約であると言うことを明確にするために，専用使用権という用語を使わないようにし，単に駐車場の使用という言い方にとどめている。

4．○　そのとおり。区分所有法が規定する管理者制度はわかりずらい面がある。標準管理規約では，管理組合の代表者である理事長が区分所有法に規定する管理者であることを明らかにするために，「理事長は，区分所有法に定める管理者とする」と規定している（標準管理規約36条2項）。

（正解　3）

<問7> 管理組合の役員に関して，以下の記述で正しいものはどれか。
1．管理組合法人の理事の任期は規約に別段の定めがないときは原則として2年である。ただし，規約で3年以内において別段の期間を定めたときは，その期間となる。つまり，基本は2年であって，2年では足りないから3年にしたいと考えるなら規約でそう決めれば3年にできることにはなっているが，1年ではだめである。
2．管理組合法人の理事には，区分所有者以外の者もなれるが，自然人に限られ，管理会社等の法人は理事になることはできない。
3．管理組合役員の任期は会計年度の期間と完全に一致する。
4．法人格なき管理組合の役員には，区分所有者以外の者もなれるが，自然人に限られ，管理会社等の法人は役員になることはできない。

解説

1．× 理事の任期は，原則として2年である。ただし，規約でこれより長期または短期の期間を定めることができるが，3年以内の期間でなければならない（たとえば，1年とし，または3年とすること）。したがって，任期は1年でもよい。

2．○ 管理組合法人の理事は，構成員たる区分所有者であるという必要はない。しかし，理事になるものは自然人に限られ，法人は理事になることはできない。

3．× 管理組合役員の選任は総会決議事項とされているが，通常の定期総会は会計年度終了後2カ月以内に招集するのが一般的である。現役員は，次期役員が選任されるまで（定期総会終了まで）は，引き続き役員としての重要な職務（決算・予算案の承認等）を行う必要がある。このようにズレがあるので，役員の任期を「○月まで」と規定しないで，「定期総会終了まで」と規定している管理規約もある。

4．× 管理組合法人の場合は，業務執行機関として理事および監事の選任が義務づけられているが，法人格なき管理組合の場合は管理者の制度が規定されているだけである。実務上は，理事会システムにより運営しているが，特に役員の選任について制限されているわけではなく，役員は管理会社等の法人でもよい。

※役員の選出方法について
① 輪番制
② 推薦制
③ 投票制
④ 立候補制
⑤ その他

上記①〜⑤の方法があり，いずれがよいかは，各マンションの実情による。これらの方法を組み合せてもよい。

（正解　2）

<問8> 集会の招集と通知に関して，以下の記述で正しいものはどれか。

1. 集会招集の通知に関しては，区分所有法の定めにより，原則として会日より少なくとも1週間前に会議の目的たる事項を示して，各区分所有者に発しなければならないとされている。しかし，標準管理規約ではこれを1週間延ばして2週間目前に招集通知を発するとしている。このように別段の定めをする場合でも，区分所有法が規定する1週間をさらに短くすることはできない。

2. 集会の議題が，区分所有法58条以下に規定する義務違反者に対する特別決議事項であるときは，招集の通知に会議の目的だけではなく，その議案の要領をも併せて通知しなければならない。

3. 行方不明者に対する総会招集の通知は，公示送達によらなければ通知したことにはならない。

4. 管理組合は区分所有者を構成員とする団体であり，賃借人等の占有者は管理組合のメンバーではない。したがって，原則として賃借人等の占有者に対しては集会招集の通知は行う必要はないが，会議の目的が建物ならびにその敷地および附属施設の使用方法に関する事項で，賃借人等の占有者にも利害関係があるときは，集会招集の通知を発した後，遅滞なく，集会の日時，場所および会議の目的たる事項を，建物内の見やすい場所に掲示しなければならない。

解説

1. × 区分所有法が規定する1週間の期間は，規約で伸縮するこ

とができる（区分所有法35条1項但し書）。
2．× 一定の重要な事項を会議の目的とする場合には，招集の通知をするにあたり，「会議の目的たる事項」を示すだけでなく，その「議案の要領」をも通知することが必要とされる。議案の要領の通知を要する議題は，①共用部分の変更（軽微変更を除く。同法17条1項），②規約の設定，変更または廃止（同法31条1項），③建物の価格の2分の1を超える部分が滅失したときの復旧の決議（同法61条5項），④建物の建替え決議（同法62条1項），⑤団地規約の設定（同法68条1項）であり，いずれも特別決議事項である。ただし，この中に，区分所有法58条以下に規定する義務違反者に対する特別決議事項の議題は入っていないので，区分所有法上は議案の要領まで通知する必要はない。その理由は，会議の目的自体が議案でもあるから，と説明されている。しかし，実務上は上記①～⑤以外の会議の目的となる事項の要領も，招集に際しては通知することが望ましい。
3．× 行方不明者は，管理者に対して通知を受けるべき場所を通知しなかった者といえるので，この場合は当該区分所有者の所有する専有部分が所在する場所にあててすれば足りる（同法35条3項）。
4．○ そのとおり。同法44条2項。

※**公示送達**とは，裁判所書記官が送達書類を保管し，いつでも受送達者に交付する旨を裁判所の掲示場に掲示して行う送達である。これは，送達場所の不明等により受送達者に送達書類を交付することができない場合に，当事者の権利保護のため，単に交付を受ける機会を与えるだけで送達を完了させる制度である。

（正解　4）

<問9> 集会の運営に関して、以下の記述で正しいものはどれか。
1. 区分所有法では、議事録には議長および集会に出席した区分所有者の3人が署名押印しなければならないとされている。
2. 書面決議により議案の賛否を問うことにしていたが、特別決議事項の4分の3以上の賛成が集まったのでこれをもって書面決議から特別決議に切り替えることにした。このような扱いは有効である。
3. 集会における議長には、規約に別段の定めがある場合および別段の決議をした場合を除いて、管理者が議長となり、少数区分所有者が集会を招集した場合には、招集した区分所有者の1人が議長となり、集会の運営は議長が行うこととされている。
4. 集会における議決権は、書面で、または代理人によって行使することができるが、区分所有法ではマンションの居住者以外の者が代理人として集会に出席すると、集会を混乱させるおそれもあることから、代理人の資格を制限している。

解説
1. × 議長および総会に出席した区分所有者の2人が署名押印すればよい。
2. × このような扱いは無効である。書面決議の場合は全員の合意がなければならず、1人でも反対したら書面決議は成立しない。書面決議により議案の賛否を問うていたものを途中から特別決議事項に切り替えることはできない。
3. ○ そのとおり。

4．× 代理人の資格については区分所有法では特に定めていない。しかし，標準管理規約では，代理人の資格を同居人，賃借人および他の区分所有者等に制限している。このような制限は，合理的な範囲内であり有効である。

※「**書面投票**」（区分所有法39条2項）と「**書面決議**」（同法45条1項）の違いについて
① 「書面投票」とは，集会には出席しないで，その会日前に議案についての賛否を記載した書面を招集者に提出することにより議決権を行使することをいう（「議決権行使書」の提出がこれにあたる）。
② 「書面決議」とは，区分所有法または規約により集会において決議すべきものとされた事項について，区分所有者全員の書面による合意があったときは，集会の決議があったものとみなす制度である。いわゆる書面決議とか持ち回り決議と呼ばれている。この制度は，集会を開催せずに集会を開催したとみなす制度であるから，区分所有法34条2項が要求する「毎年1回の集会」が招集されたことにはならない。したがって，この書面決議は，主として，臨時総会の招集を省略するという機能を果たすことができるにすぎない。

（正解　3）

2 管理組合の運営に関する問題

<問10> 集会の運営について，以下の記述で誤っているものはどれか。

1. 特別決議で区分所有者の定数の4分の3以上および議決権の4分の3以上とは，集会に出席した者の中で各4分の3以上の要件を満たせばよい，ということである。
2. 議決権は1住戸1議決権と区分所有法で決められているわけではない。
3. 議案の議決要件には「過半数」，「以上」，「超える」等があり，それぞれ数え方が違うので，ふだんからこの違いを意識しておく必要がある。
4. 共用部分の重大変更の場合は，区分所有者の定数の4分の3以上および議決権の4分の3以上の賛成が必要であるが，区分所有者の定数（頭数）のみはその過半数まで減らすことができる。

解説

1. × これは「組合員総数の4分の3以上」および「議決権総数の4分の3以上」が必要だという意味である。分母となるのは，あくまでも「総数」であり，「出席組合員」あるいは「出席組合員の議決権数」とすることはできない。
2. ○ 区分所有法では，原則として専有住戸面積割合を議決権の割合としている。しかし，これは別段の定めができるので，特に住戸タイプに大きな差がなければ，「1住戸1議決権」と規約に規定している例も多い。
3. ○ そのとおり。

4．○ そのとおり。ただし，「議決権」は減らすことができないので間違わないこと。

※集会（総会）の決議要件について

[原則]　決議＝①区分所有者（頭数）＋②議決権

決議パターン
(1)　①および②の各過半数
(2)　①および②の各4分の3以上
(3)　①および②の各5分の4以上

NB 1.　共用部分の変更［重大変更］（17条1項）
　共用部分の変更は，①区分所有者および②議決権の各4分の3以上の多数による集会の決議で決する（17条1項本文）。ただし，この区分所有者の定数は，規約でその過半数まで減ずることができる（17条1項但書）。
⇨「この区分所有者の定数」とは，①区分所有者（頭数）のみ過半数まで減じることができるという意味であり，②議決権は変更できない。

NB 2.　少数区分所有者の集会招集権（34条3項）
　①区分所有者（頭数）の5分の1以上で（および）②議決権の5分の1以上を有するものは，管理者に対し，会議の目的たる事項を示して，集会の招集を請求することができる（34条3項本文）。ただし，この定数は，規約で減ずることができる（34条3項但書）。
⇨「この定数」とは，「①区分所有者（頭数）の5分の1以上」および「②議決権の5分の1以上」の両方を指す。したがって，規約によって，①および②の「5分の1以上」という割合を減じることもできるし，また，①の区分所有者（頭数）の5分の1以上のみで足りるとすることもできる。しかし，①および②の定数を引き上げることはできない。

（正解　1）

2　管理組合の運営に関する問題

<問11>　支払督促手続について，以下の記述で誤っているものはどれか。

1．支払督促は，請求額が90万円以下である場合は債務者の住所地を管轄する簡易裁判所に申し立てる必要があり，請求額が90万円を超えるときは地方裁判所の管轄となる。
2．支払督促は，債権者が仮執行宣言の申立てをすることができるときから30日以内にその申立てをしないときは，効力を失う。
3．支払督促の申立書に貼付する印紙は，訴状貼付用印紙額の2分の1である。このほかに郵便切手代が必要となる。
4．支払督促は，債務者から支払督促を発した簡易裁判所に異議の申立てがあった場合は，通常の訴訟に移行する。

解説

1．×　通常訴訟では，請求額が90万円以下の場合は簡易裁判所の管轄であり，訴額が90万円を超えるときは地方裁判所の管轄となる。しかし，支払督促については，請求額に制限がなく90万円を超える場合でも，すべて簡易裁判所の管轄となる。
2．○　そのとおり。
3．○　支払督促は，通常の訴訟によらないで，債権者の申立書類のみにより，簡易裁判所書記官が債権者の申立てに理由があると認めれば，債務者の言い分をを調べることなしに債務の支払いを命ずる点と，費用が安くて済むという点にメリットがある。

4．○ そのとおり。管理組合を代表して管理者が支払督促の申立てをする場合，管理規約に管理者が原告または被告になるとの規定がある場合を除き，区分所有法26条4項にもとづき，管理者を支払督促の債権者とすることおよび債務者より督促異議がなされた場合に原告となることについて，集会の決議を経ておくべきである。また，支払督促の申立てを行った場合は，その旨を区分所有者全員に通知する必要があることに留意する。

※支払督促手続に「公示送達」は利用できるか。
　支払督促は，債務者に対する支払督促正本の送達が，日本においてかつ公示送達によらないで実施可能でなければならない。債務者に対する送達の場所が日本国内に存在しないとき，または，送達方法として公示送達によらなければ実施不可能のときは，支払督促を利用できない。しかし，仮執行宣言付支払督促正本の送達は，公示送達の方法でも許される。

（正解　1）

2 管理組合の運営に関する問題

<問12> 少額訴訟手続について、以下の記述で正しいものはどれか。

1. 少額訴訟は、合意管轄がある場合でも、必ず相手方の住所地を管轄する簡易裁判所に訴状を提出しなければならない。
2. 1人の原告による同一簡易裁判所における同一年内の少額訴訟利用回数は、5回以内に制限される。
3. 裁判所は、一定の条件のもとに、支払い猶予、分割払い、訴え提起後の遅延損害金の支払免除等を命ずることができる。この場合も、勝訴ということになり、不服の申立てはできない。
4. 日本の裁判では三審制がとられているので、少額訴訟判決に対して不服がある場合は地方裁判所に控訴を提起することができる。

解説

1. × 少額訴訟は、原則として相手方の住所地を管轄する簡易裁判所に訴状を提出する。ただし、管理規約に合意管轄の定めがある場合にはそれによる。
2. × 年10回以内である。
3. ○ そのとおり。
4. × 少額訴訟判決に対しては、同じ簡易裁判所に異議の申立てをすることはできるが、地方裁判所に控訴を提起することはできない。また、異議申立て後の判決に対しては、原則として不服を申し立てることはできない。

（正解　3）

<問13> マンションの会計について，以下の記述で誤っているものはどれか。

1. 管理組合会計は，営利を目的とした損益会計とは異なり「管理目的を達成するための会計」（管理会計）という性格を有しており，予算が大きな比重を占める。予算と決算を対比し，差異を分析することによって，予算執行の良否・責任等を訴求することができ，それによって予算執行の評価，次期予算編成の参考とし，収支の均衡・合理化をはかることができる。
2. 徴収方法（集金代行会社による集金等）の関係で区分所有者から徴収した管理費や修繕積立金等で預金口座に入金されるまでの間のその金額は，未払金に計上する。
3. 未払金とは，会計期間中に役務の提供が行われたが，支払いが翌期になるものである。
4. 前受金とは，次年度に計上すべき収入で，当年度内に徴収された管理費等（実入金額）を計上する。

解説

貸借対照表は，管理組合会計の年度末時点における財産の状態を示すもので，収支報告書とともに重要な財務関係の書類である。特に未収金・未払費用の状況を正確に記入し，出納業務の執行状況について明確にしなければならない。

1. ○ そのとおり。実務上は，予算と決算の対比が重要である。
2. × これは「預け金」の説明である。
3. ○ そのとおり。未払金の計上漏れがないように注意する必要がある。
4. ○ そのとおり。

（正解　2）

2　管理組合の運営に関する問題

<問14>　マンションの会計処理について，以下の記述で誤っているものはどれか。

1. 会計処理の原則および手続きならびに計算書類の表示方法は，毎事業年度工夫を加え，改良を試みる必要がある。
2. 利害関係者に対し，必要な会計事実を適正，公正，明瞭に表示しなければならない。
3. 計算書類は，取引や発生事象にもとづいて，整然かつ正確にして真実な内容を表示しなければならない。
4. 会計帳簿は，正規の簿記の原則に従い，正しく記帳しなければならない。

解説

1. ×　会計処理の原則および手続きならびに計算書類の表示方法は，毎事業年度これを継続しみだりに変更してはならない。これを「継続性の原則」という。
2. ○　これを「明瞭性の原則」という。
3. ○　これを「真実性の原則」という。
4. ○　これを「正規の簿記の原則」という。

（正解　1）

<問15> 判例によれば，以下の記述で正しいものはどれか。

1．区分所有法8条所定の「特定承継人」とは，売買，交換，贈与により区分所有権を取得した者である。また，抵当権の実行（裁判所による競売）により区分所有権を取得した買受人（競落人）も特定承継人である。
2．管理費等の滞納状況が長期にわたって継続しているマンションの区分所有者に対して，管理組合が水道元栓を止めたとしても，それなりの理由のある行為であるから不法行為とはならない。
3．マンションの区分所有者が管理組合に対して有する金銭債権を自動債権とし，同組合に対して負う管理費等の支払債務を受動債権としてする相殺は，事務手続の簡素化の意味からも有効である。
4．譲渡担保でマンションの所有権を取得した場合は，譲渡担保自体が債権担保の手段であり，真実の所有者は譲渡担保設定者であるから，譲渡担保権者は区分所有者としての管理費等の支払義務はない。

解説

1．○ 区分所有法8条所定の「特定承継人」には，根抵当権実行としての競売による買受人も含まれる（東京地判平成9．6．26）。
2．× 管理費等の滞納状況が長期にわたって継続しているマンション1室の占有者に対し，管理組合理事長らが管理費の支払いを求めて水道元栓を3回にわたって閉栓するなどし

た行為が，理事長個人のみならず管理組合の不法行為をも構成するとして，金10万円の損害賠償が命じられた（福岡地小倉支判平成9．5．7）。

3．× マンションの区分所有者が管理組合に対して有する金銭債権を自動債権とし，同組合に対して負う管理費等の支払債務を受動債権としてする相殺は否定されている（東京高判平成9．10．15）。

4．× 譲渡担保とは，担保設定時に物の所有権を債権者に移転し，債務弁済後にその所有権を受け戻すという担保方法である。譲渡担保の本質は，担保のための所有権移転にある。譲渡担保は，債権担保のためであるとはいえ，抵当権等の他の担保類型とは異なり，目的物件の所有権そのものを移転するという構成をとるものであって，不動産登記簿上もその所有権を移転することになるから，譲渡担保として区分所有建物の所有権を取得したものは，マンション管理費等の支払義務がある（東京地判平成6．3．29）。

（正解　1）

3 マンションの建物設備に関する問題

<問1> 建物の構造や定義について述べた次の記述のうち，適切なものはどれか。
1. 耐火建築物とは，構造耐力上主要な部分を耐火構造とした建築物で，すべての開口部に政令で定める構造の防火戸その他の防火設備を有するものをいう。
2. 建築基準法上では，マンションは分譲賃貸の別なく共同住宅として特殊建築物として扱われている。
3. 延べ面積とは各階の建築面積の合計をいう。
4. 避難階段は避難上有効なバルコニーまで直通するものでなければならない。

解説
1. × 耐火建築物とは，主要構造部を耐火構造とした建築物で，外壁の開口部で延焼の恐れある部分に政令で定める構造の防火戸その他の防火設備を有するものをいう。
2. ○
3. × 延べ面積とは，各階の床面積の合計をいう。
4. × 避難階段は避難階まで直通するものでなければならない。

（正解　2）

3 マンションの建物設備に関する問題

<問2> 防火管理や法定点検について述べた次の記述のうち，不適切なものはどれか。

1. 共同住宅については，1棟全体の収容人員（居住者の数）が50人以上の場合に，消防法上の防火管理義務があることとされている。
2. 共同住宅とは，住宅として用いられる2以上の集合住宅のうち居住者が廊下，階段，エレベーター等を共用するものをいい，便所，浴室，台所等が各住戸ごとに存在することを要せず，分譲，賃貸の別を問わないものである。
3. 建築設備定期検査報告を行えば，消防用設備等の定期点検報告は免除される。
4. 消防用設備等の定期点検の種類は，外観点検，機能点検，作動点検，総合点検である。

解説

1．2．4．は○
3．× 前者は建築基準法，後者は消防法に基づき対象や方法が異なり免除規定はない。

（正解　3）

<問3> 建築基準法や水道法について述べた次の記述のうち，適切なものはどれか。

1．給水管・配電管その他の管が，耐火構造等の防火区画・防火壁・界壁・隔壁を貫通する場合，国土交通大臣の認定する適用除外部分を除き，それぞれ両側に1m以内の距離にある部分は不燃材料で作らなければならない。
2．準耐火建築物である木造3階建共同住宅は，一定の防火・避難性能を有すれば工業専用地域を除くどの用途地域内にも建築することができる。
3．簡易専用水道の設置者は，当該簡易専用水道の管理について，建築基準法に定めるところにより半年に1回検査資格者の定期検査を受けなければならない。
4．屋外階段は敷地境界線より0.5m以上離せば避難階段となる。

解説

1．○
2．×　準耐火建築物である木造3階建共同住宅は，一定の防火・避難性能を有しても防火地域内には建築できない。
3．×　簡易専用水道の設置者は，当該簡易専用水道の管理について，厚生労働省令に定めるところにより，定期に，地方公共団体の機関又は厚生労働大臣の指定する者の検査を受けなければならない。
4．×　屋外に設ける避難階段は，構造や出入り口の戸，出入り口以外の開口部等の規制があり，敷地境界線より0.5m以上離せば無条件に屋外避難階段になるわけではない。

（正解　1）

<問4> 建物の構造や材料について述べた次の記述のうち、不適切なものはどれか。

1. 鉄骨鉄筋コンクリート造とは、鋼管の柱や梁の中にコンクリートを流し込んで作る構造である。
2. プレストレスト（PS）コンクリートとは、鋼線等を用いて予め圧縮力を加えて作るコンクリートである。
3. 耐震補強の方法には、柱や梁の補強・耐力壁や筋交いの増設等が挙げられる。
4. 鉄筋コンクリート造は、鉄骨鉄筋コンクリート造に比べ高さの低い建物に用いられる構造である。

解説

1. ×　鉄骨鉄筋コンクリート造とは、柱や梁の中心に鉄骨を置きその廻りに鉄筋を配して、全体をコンクリートでくるむ工法である。
2. 3. 4. は○

（正解　1）

<問5> 防水やシーリングについて述べた次の記述のうち，適切なものはどれか。
1．押さえ層のある屋上防水は，その押さえ層をそのままにして同一形式の押さえ防水層を被せればなじみがよく，問題の起こらない屋上防水の改修ができる。
2．露出防水層は塗膜防水と総称され，押さえ防水層はアスファルト防水と総称される。
3．シーリング材の表面に外壁と同様の塗装を施す場合は，シーリング材から塗装材への可塑材移行の汚れに注意する。
4．タイル壁の伸縮目地に打たれているシーリング材は，水平打ち継ぎ目地のそれに比べ伸縮が大きく早く傷むので，表面保護塗料を塗布してメンテナンスする。

解説
1．× 押さえ層の上に更に押さえ層を設ける改修方法は，重量増加や既存押さえ層内の残留水分を封じ込めることや，パラペット廻りの立ち上がり寸法が減少することなどの弊害から，殆ど採用されない工法である。
2．× 露出か押さえかは防水層の扱いに関する工法の分類で，塗膜やアスファルトは防水材料自体の分類で両者に設問のような関係はない。
3．○
4．× 設問のような伸縮の差は確認されておらず，シーリング材の保護塗料はない。

（正解 3）

<問6> 専有部分のリフォームについて述べた次の記述のうち, 不適切なものはどれか。

1. 標準管理規約の改正で, たとえ専有部分内といえども修繕や模様替えを行おうとするときは, あらかじめ理事長にその旨を申請し, 書面による承認を受けなければならないとする規定が盛り込まれた。
2. 専有部分のリフォームであっても, 資材の仮置や運搬, 廃材の搬出などで近隣住戸や他の居住者に対する配慮が欠かせない。
3. マンション特有の制約条件等に十分配慮し, リフォーム内容の企画提案等を行うと共に, 工事の実施に際し管理組合, 近隣住戸, 施工業者および施主に対する調整・指導・助言を行う, 公的に認められた資格者として, マンションリフォームマネジャーがある。
4. 遮音等級を示す値のうち, L値は空気伝搬音で値が高いほど遮音が良好なことを示し, D値は床衝撃音で値が低いほど遮音が良好なことを示す。

解説
1. 2. 3. は○
4. × 設問とは逆でL値は床衝撃音で値が低いほど遮音が良好なことを示し, D値は空気伝搬音で値が高いほど遮音が良好なことを示す。

(正解 4)

<問7> 給水設備に関する次の記述で，適切なものはどれか。
1．給水管に硬質塩化ビニルライニング鋼管が用いられていれば，まず赤水発生の恐れはない。
2．標準管理委託契約書には，給水ポンプの取替も含まれているため，委託管理を行えば，管理会社に任せきりにできて安心である。
3．給水管の更正工法には，ライニング工法以外にも数種類の方法がある。
4．FRP製の水槽は現行の耐震基準に満たないため，機会を得て鋼板製に取替が望まれる。

解説
1．× 継ぎ手部分（接合部）の材質により管端等から錆が進行し赤水障害を起こす場合がある。
2．× 同契約書には，定期的な外観作動点検は含まれているがオーバーホールや取替は含まれておらず，メンテナンスフリーというわけにはいかない。
3．○ 洗浄工法や薬品添加工法・脱気工法・磁気工法・電気防食工法等がある。
4．× 材質と耐震性能は関連しないので，FRP製でも現行耐震基準を満たす水槽がある。

（正解　3）

<問8> 排水設備に関する次の記述で，不適切なものはどれか。
1. 維持管理の上からは，なるべく排水系統をまとめ，できれば竪主管は1系統が望ましい。
2. 経験則上，雑排水系の配管用炭素鋼鋼管の排水管は，汚水系の鋳鉄管排水管より傷みが早い。
3. 日にさらされる硬質塩化ビニル排水管は，紫外線による劣化も考慮しておかなければならない。
4. 屋外埋設排水管も，管の折れや沈下，枡の損傷などが起こり，経年30年程度で計画的な修繕を要する。

解説
1. × 汚水系と雑排水系は分けることが望ましく，横引き枝管の短縮を考えると雑排水管も更に厨房排水系と浴室・洗面・洗濯系に分けるのがよい。
2．3．4．は○

（正解　1）

<問9> 電気設備に関する次の記述で，適切なものはどれか。
1. 電力会社借室内にある変圧器が，マンションにおける自家用受変電設備にあたる。
2. マンションに設置されている自家用電気工作物は，電気事業の用に供する事業用電気工作物以外の事業用電気工作物に該当する。
3. マンション内の電気設備で共用照明器具やテレビ共聴視機器の取替は，最も修繕周期が長いものである。
4. マンションの電気設備のうち，幹線ケーブルは5～10年程度で電力会社の検査により取り替える。

解説
1. × マンションにおける自家用受変電設備とは，電力会社借室以外にマンション側で設けた受変電設備をいう。
2. ○
3. × 両設備とも10年前後で取替時期を迎え，盤類や幹線ケーブルに比べ修繕周期は短い。
4. × 幹線ケーブルは，経験則上25～35年程度で取り替えられているが，劣化診断は管理組合の任意で行われる。

（正解　2）

<問10> 維持保全に関する次の記述のうち，不適切なものはどれか。

1. 事後保全とは，機能性能の異常が顕在化してから修繕等の措置を行うことをいい，予防保全とは，点検や診断等によって劣化損耗の程度を予測し不具合が生じる前に予防的な処置を施すことをいう。
2. 性能を実用上支障のない水準にまで戻す行為を補修と呼び，竣工当初の機能へ回復させる行為を修繕，竣工当初の機能以上に引き上げる行為を改良と呼ぶ。
3. 経常修繕に要する費用は積立金会計で，計画修繕に要する費用は管理費会計で支出されるのが一般的である。
4. 天災や人災の災害復旧に対して，損害保険に加入するなどして経済的な負担に耐えられるように備えておく必要がある。

解説

1．2．4は○
3．× 経常修繕に要する費用は管理費会計で，計画修繕に要する費用は積立会計で支出されるのが一般的である。

（正解　3）

<問11> 法定点検等について述べた次の記述のうち，適切なものはどれか。

1. 消防用設備等の定期点検報告は，消防設備士の免状所持者でなければ行ってはならない。
2. 消防用設備等の定期点検で排煙設備を点検すれば，建築設備定期検査で排煙設備を点検しなくても良い。
3. 水道法の改正により，地下躯体兼用の受水槽は不適格構造として3年以内に6面点検可能なものへの改修が義務付けられた。
4. 法定点検には，建築基準法に準拠するものの他にも，消防法，水道法，浄化槽法，電気事業法等に準拠するものがある。

解説

1. × 消防用設備等の定期点検報告は，消防設備士の免状所持者の他，消防設備点検資格者免状の交付を受けている者も行うことができる。
2. × 消防法と建築基準法間にそのような免除規定はない。
3. × 水道法の改正では，設問のような義務付けはなされていない。
4. ○

（正解　4）

<問12> 建物の劣化調査診断に関する次の記述のうち、不適切なものはどれか。

1. 調査方法は、1〜3次に区分されるのが一般的で、1次診断とは図面や修繕履歴の判読や目視観察を指す。
2. コンクリートの中性化は、鉄筋の被り厚（注1）が多いほど進行が抑制される。
3. 塗膜付着力の指標はN（ニュートン）（注2）である。
4. チョーキング（白亜化）とは、塗膜の表面が紫外線により分解され白い粉状になる劣化現象である。

解説

1. 3. 4. は○
2. × 中性化の進行と被り厚は直接関連しない。

（注1） 鉄筋の**被り厚**とは、鉄筋の外側からコンクリートの表面までの寸法をいう。

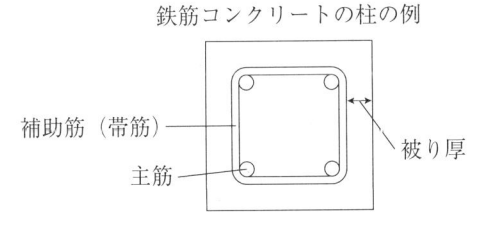

鉄筋コンクリートの柱の例

補助筋（帯筋）
主筋
被り厚

（注2） **ニュートン**とは、力のSI（国際単位系）単位。
従来単位との換算では、1 kgf＝9.80665N

（正解　2）

<問13> 建築設備の劣化調査診断に関する次の記述のうち、適切なものはどれか。

1. 給水管の管種が硬質塩化ビニルライニング鋼管の場合は、ライニング層の摩耗を測定し残存寿命を推定する。
2. 排水管の調査診断で共用竪管の抜き取り検査を行う場合は、試験箇所の同系統でそれより上階住戸へ一時排水制限のお知らせが必要となる。
3. 屋内ガス管の3次診断方法の代表例としては、不燃性ガスを管内に封入し一定時間後の圧力低下を測定する方法が挙げられる。
4. 分電盤や制御盤の調査診断方法は、目視やその他の感覚では客観性に欠けるため検査場に持ち込んでの精密検査が主流となっている。

解説

1. × ライニング管でも継ぎ手や管端部からの発錆状況やライニング層のふくれネジ部の腐食から劣化状況を診断し、ライニング層自体の摩耗では診断しない。
2. ○
3. × そのような調査診断方法が3次診断の代表例とはなっていない。
4. × 設問の電気設備でも、目視や聴覚嗅覚を用いる1次診断が最初で順次2・3次診断を行うのが一般的である。

（正解　2）

3 マンションの建物設備に関する問題

<問14> 大規模修繕工事について述べた次の記述のうち,適切なものはどれか。

1. 法人格のない管理組合理事長では大規模修繕工事の発注者になれないため,現状では委託管理会社の代表者が発注者の代行となっているのが大半の例である。
2. 施工業者の選定方法は,公開性や透明性の視点から一般競争入札制度の採用が国の指針により求められている。
3. 施工者への見積依頼時には,見積の基準となる工事仕様書が発注者側で用意されているのが望ましい。
4. 延べ面積が1000㎡を超え,かつ階数が2以上のマンションの大規模修繕工事は,新築同様必ず1級または2級建築士が設計監理を行わなければならない。

解説

1. × 設問のような例はむしろまれで,法人格を持たない管理組合でも大半は理事長が発注者として署名押印している例が慣習となっている。
2. × そのような記述がされた指針はなく,またマンション総合調査の結果でも競争入札制度で選定した例は,その他の制度（指名競争入札や見積もり合わせ）で選定した例より少ない。
3. ○
4. × 設問のような法律規定はない。

（正解　3）

<問15> 大規模修繕工事に関する次の記述のうち，不適切なものはどれか。
1．材料は，居住者の日常生活や環境に配慮して選択した。
2．作業員は，一目でそれと判るようヘルメットや腕章・ワッペンを着用させた。
3．エアコンの使用が一時的にできなくなるため，工期はなるべく盛夏をはずし，できれば12月から翌年3月とするのが望ましい。
4．駐車場の車両に影響が出ると予想されたため，管理組合が外部駐車場を手配して該当する車の一時移動を所有者に要請した。

解説
1．2．4．は○
3．× エアコンは暖房にも使用するし，正月に足場が建っていることへの異論も多く材料の温度管理も難しいため，設問時期は必ずしも工事に適した時期とは言えない。

（正解　3）

3 マンションの建物設備に関する問題

<問16> 長期修繕計画に関する次の記述のうち,不適切なものはどれか。

1. 長期修繕計画を作成することにより,修繕積立金の収支予想も行うことができる。
2. 長期修繕計画の作成は管理組合の行う業務だが,その実務を委託管理会社に依頼することはさしつかえない。
3. 毎年行われる水槽や排水管の清掃や植栽の剪定費用は,経常修繕費として管理費会計の支出とし積立金会計の項目からは除くのが望ましい。
4. 長期修繕計画に基づく修繕積立金の値上げ改定は,区分所有法により特別多数決議によらねばならない。

解説
1. 2. 3. は○
4. × 区分所有法に設問のような規定はない(管理規約に別段の定めがなければ普通決議で値上げ改定が議決できる)。

(正解 4)

<問17> 次の工事項目の修繕周期を，短いものから順に並べた組み合わせはどれか。
　ア．鉄部塗装　　イ．外壁塗装　　ウ．給水管修繕
　エ．汚水管修繕
　　1．ア―イ―ウ―エ
　　2．イ―ア―エ―ウ
　　3．ア―ウ―エ―イ
　　4．エ―ア―ウ―イ

解説

2．3．4．は×
1．○
　ちなみに標準的な修繕周期は，
ア．鉄部塗装4～6年
イ．外壁塗装10～12年
ウ．給水管修繕15年前後
エ．汚水管修繕30年前後
と言われている。

（正解　1）

4 マンション管理適正化推進法・指針の問題

<問1> マンションの管理に関する次の記述のうち，誤っているものはどれか。

1．専任の管理業務主任者の必要設置数は，原則として管理業者が管理受託している管理組合30につき1人の割合である。
2．管理適正化法で定義しているマンションの一つは，「2以上の区分所有者が存する建物で居住用の専有部分のあるもの並びにその敷地及び附属施設」である。
3．管理業務主任者の必要設置数を算定する場合の対象管理組合は，住居である専有部分が6戸以上であるものである。
4．管理組合が法人格を取得するための要件として，住居用の専有部分を所有する区分所有者が30人以上必要である。

解説

1．○ 管理適正化法56条，施行規則61条
2．○ 同法2条
3．○ 同法56条，施行規則62条
4．× 区分所有法47条では，住居用の専有部分には限定していない。

（正解　4）

<問2> マンション管理業者としての登録申請が拒否されないのは，次のいずれに該当する場合か。
1．申請者が宅地建物取引業を兼務しているとき，宅地建物取引業法の規定により罰金の刑に処せられ，その執行の日から2年を経過していない者。
2．管理業務主任者が事務所に必要な設置数を下回るとき。
3．登録申請書および貼付書類のうちの重要な事項について虚偽の記載があったとき。
4．申請者の基準資産額が250万円であるとき。

解説
1．○　管理適正化法47条には，その旨の制限規定はない。
2．×　同法47条前文に抵触するので受理されない。
3．×　同法47条9号に抵触するので受理されない。
4．×　同法47条10号，施行規則54条（基準資産額は300万円以上でなければならない）

（正解　1）

4 マンション管理適正化推進法・指針の問題

<問3> マンション管理適正化指針で取り上げられている「管理組合が留意すべき基本的事項」についての次の記述のうち，最も適切なものはどれか。

1．管理組合の自立的運営は，区分所有者の全員が参加し，その意見を反映することにより成り立つのである。
2．管理組合は，建築後相当の年数を経た老朽マンションにおいては，建替えの推進のための検討を行う。
3．管理組合がその機能を発揮するためには，その経済的基盤が確立されていることが重要である。このため，管理費や特別修繕費等の定期的な改定が必要である。
4．管理規約または使用細則等に違反する行為があった場合は，管理組合の管理者等は，当該区分所有者に対し，直ちに訴訟の提起により，専有部分の使用禁止を請求することができる。

解説

1．○　指針の二の1──「管理組合の運営」に記載されているとおりである。
2．×　指針の二の5──「長期修繕計画の策定及び見直し等」老朽マンションにおいては，長期修繕計画の検討を行う際には，必要に応じ，建替えについても視野に入れて検討することが望ましい，と表示されており，必ずしも建替えの推進を図るべきとの表示とはなっていないので，誤りである。老朽マンションの建替えは，居住者が高齢化していることなどを考慮し，補修により改善できるものについてはその努力が必要である。

3．× 指針の二の4――「管理組合の経理」管理費および特別修繕費等について必要費用を徴収するとともに，との表示がされているが，そのことは必ずしも定期的な改定の必要性を意味しないので，誤りである。

4．× 指針の二の2――「管理規約」管理規約または使用細則等に違反する行為があった場合，管理組合の管理者等は，その是正のため，必要な勧告，指示等を行うとともに，法令等に則り，その是正または排除を求める措置をとることが重要である，と表示されているが，使用禁止に至るまでには段階的な措置があるので，誤りである（区分所有法57条，58条）。

【区分所有法】
（共同の利益に反する行為の停止等の請求）
第57条　区分所有者が第6条第1項に規定する行為をした場合又はその行為をするおそれがある場合には，他の区分所有者の全員又は管理組合法人は，区分所有者の共同の利益のため，その行為を停止し，その行為の結果を除去し，又はその行為を予防するため必要な措置を執ることを請求することができる。
2　前項の規定に基づき訴訟を提起するには，集会の決議によらなければならない。
3　管理者又は集会において指定された区分所有者は，集会の決議により，第1項の他の区分所有者の全員のために，前項に規定する訴訟を提起することができる。
4　前3項の規定は，占有者が第6条第3項において準用する同条第1項に規定する行為をした場合及びその行為をするおそれがある場合に準用する。

（使用禁止の請求）
第58条　前条第1項に規定する場合において，第6条第1項に規定する行為による区分所有者の共同生活上の障害が著しく，前条第1項に規定する請求によってはその障害を除去して共用部分の利用の確保その他の区分所有者の共同生活の維持を図ることが困難であるときは，他の区分所有者の全員又は管理組合法人は，集会の決議に基づき，訴えをもって，相当の期間の当該行為に係る区分所有者による専有部分の使用の禁止をすることができる。
2　前項の決議は，区分所有者及び議決権の各4分の3以上の多数でする。
3　第1項の決議をするには，あらかじめ，当該区分所有者に対し，弁明する機会を与えなければならない。
4　前条第3項の規定は，第1項の訴えの提起に準用する。　　　（正解　1）

4 マンション管理適正化推進法・指針の問題

<問4> マンション管理士に対する義務および制約に関する次の記述のうち，誤っているものはどれか。

1．マンション管理士の信用を傷つけるような行為をしてはならない。
2．マンション管理士である間は，マンション管理業を営むことはできない。
3．正当な理由がなく，その業務に関して知り得た秘密を漏らしてはならない。
4．国土交通大臣または指定機関が定める講習会を5年ごとに受講しなければならない。

解説

1．○ 管理適正化法40条「信用失墜行為の禁止」に該当する。
2．× マンション管理士であっても，マンション管理業の登録はできる。
3．○ 管理適正化法42条「秘密保持義務」に該当する。
4．○ 同法41条，施行規則41条の定めによる。

（正解　2）

<問5> マンション管理業者が委託を受けた管理事務のうち、基幹事務について一括して再委託することについての次の記述のうち、誤っているものはどれか。

1. 基幹事務の一部（例えば管理組合の会計の収入および支出の調定）を第三者に再委託することは法律に抵触しない。
2. 基幹事務の全部をＡ，Ｂ，Ｃの三社に分割して再委託することは法律に抵触する。
3. 基幹事務を除く管理事務の全てを第三者に再委託することは法律に抵触しない。
4. マンションの管理業者が個人の場合、管理組合の承認を得れば基幹事務の全てを第三者に再委託できる。

解説

1. ○ 管理適正化法74条では基幹事務の一括再委託を禁止しているので正しい。
2. ○ 平成13年7月31日付け国土交通省総合政策局不動産課長通達の第2の3の(2)による。
3. ○ 基幹事務を除く管理事務の再委託については制限がない。2と同じ根拠による。
4. × 基幹事務の一括再委託の禁止については、マンション管理業者も法人、個人の区別をしていない。

（正解　4）

4 マンション管理適正化推進法・指針の問題

<問6> 現在マンション管理業を営んでいる管理業者が，引き続きマンション管理業を営むことについての次の記述のうち，適切なものはどれか。

1．平成13年7月31日までに管理組合から管理委託を受けている管理業者は，その契約期間が終了するまでの間は，管理適正化法77条に基づく管理事務の定期報告はしなければならない。
2．平成14年4月30日までに管理適正化法に基づく登録を受けなければ，翌日からマンション管理業を営むことができない。
3．現在マンション管理業を営んでおれば，管理適正化法に基づく登録を受ける以前においても，重要事項の説明や管理委託契約書面の交付，修繕積立金等管理組合の財産の分別管理は履行しなければならない。
4．基幹事務の再委託の禁止措置は，管理適正化法に基づく登録を受けるまでは適用除外となる。

解説

1．× 平成13年8月1日（法律施行日）以降に管理委託契約を締結または更新するマンションから適用されるので誤りである。したがって，特に定期報告は必要ない。
2．○ そのとおりである。平成13年8月21日付け㈳高層住宅管理業協会の事務連絡による。
3．× 1と同じ理由により不適用になる場合もあるので，登録前に必ず履行しなければならないとは限らない。
4．× 1と同じ取扱いにより誤りである。

（注） 上記の1，3および4の取扱いについては，平成13年7月31日付け，国土交通省総合政策局通達による。（142頁参照）。

（正解 2）

<問7> マンション管理業者が管理組合と管理委託の契約締結または更新をする際に行う説明会についての次の記述のうち，誤っているものはどれか。

1. 管理業者は説明会の日の1週間前までに区分所有者等に，重要事項ならびに説明会の日時および場所を記載した書面を交付しなければならない。
2. 説明会では，重要事項説明を専任の管理業務主任者がしなければならない。
3. 従前と同一条件で管理委託契約を更新（軽微な変更を含む）する場合の区分所有者に交付する重要事項の書面への記載事項は，法律等に定める事項を全て記載する必要はない。
4. 新築マンションの管理委託契約で，建設工事完了の日から1年を超える契約期間（2年等）であるものについては，管理適正化法72条1項に基づく重要事項説明会を開催しなければならない。

解説

1. ○ 管理適正化法72条1項
2. ○ 同　上
3. × 記載事項は省略できない。ただし，説明すべき事項は該当事項のみでよい。
4. ○ 同法72条1項，施行規則82条

（正解　3）

4 マンション管理適正化推進法・指針の問題

<問8> 現在，マンションの管理業務を営んでいるが，管理適正化法44条の登録を受ける必要がある者についての次の記述のうち，正しいものはどれか。

1. 管理組合から委託を受けて，基幹事務の一部のみを業務として行っている者。
2. 管理組合から委託を受けて，基幹事務を含まない管理事務（管理員業務，清掃業務，設備管理業務等）の全部または一部のみを業として行っている者。
3. 複合用途型マンションで複数の管理組合（全体・住宅・事務所等）が併存している場合で，各管理組合から基幹事務を含む管理事務を受託している者。
4. 自ら所有する専有部分が存するマンションの管理組合から委託を受けて管理業を営んでいる者。

解説

1. ×　国土交通大臣の登録を受けなければならないのは，「基幹事務の全て」を受託している場合に限られる（管理適正化法2条7号）。
2. ×　1と同じ理由で登録の必要はない。
3. ○　マンション管理業の対象となるマンションは，管理適正化法1号に掲げるマンションで，当該マンションに人の居住の用に供する専有部分があれば登録対象となる。
4. ×　マンションの区分所有者等が，当該マンションについて管理事務を行うものは除かれている（管理適正化法2条7号括弧書きによる）。

（正解　3）

> <問9> マンション管理業者の団体である社団法人高層住宅管理業協会の業務についての次の記述のうち，誤っているものはどれか。
> 1．管理業者に対し管理適正化法等を遵守させるための指導，勧告その他を行うこと。
> 2．管理業者が管理組合または区分所有者等から受領した管理費，修繕積立金等の返還債務を負うこととなった場合の返還債務を保証する業務。
> 3．管理の適正化に関し，管理組合の管理者等その他関係者に対し，技術的な支援を行うこと。
> 4．管理業者の業務に関する管理組合等からの苦情の解決を行うこと。

解説

1．○ 管理適正化法95条2項1号
2．○ 同法95条3項
3．× これはマンション管理適正化推進センターの業務である。同法92条2号
4．○ 同法95条2項2号

（正解　3）

4 マンション管理適正化推進法・指針の問題

<問10> 管理組合財産の分別管理に関する次の記述のうち，正しいものはどれか。
1．修繕積立金を有価証券で管理する場合は，管理業者がその証券を保管できる。
2．管理組合から預貯金通帳および取引印の保管を強く依頼された場合，管理委託契約の特約があれば法律に抵触しない。
3．収納代行方式において，区分所有者等から管理業者名義の収納口座に入金された修繕積立金等の全額を管理組合の口座に移管した後，管理費用に充当する費用を管理組合から受領している場合は，管理委託契約で管理組合との合意を得ておれば，財産の分別管理の規定には抵触しない。
4．支払一任代行方式で，管理組合名義（収納口座）に振込された管理費・積立金から管理に要する費用を差し引いた後，1ヵ月以内に管理組合名義の積立金口座に移し換える場合，管理業者が通帳および取引印を同時保管できる。

解説
1．× 平成13年8月21日付け㈳高層住宅管理業協会事務連絡による。有価証券の場合は，金融機関または証券会社にその保管を委ねること。
2．× 管理組合等の強い要請があっても，預貯金通帳および取引印のいずれかの保管に留めること。
3．○ 1と同じ事務連絡により認められている。
4．× 管理適正化法施行規則87条5項に該当し，マンション管理

> 業者が保証契約を締結している場合に可能である。したがって保証契約を締結していなければ認められない。

　（注）　支払一任代行方式，収納代行方式の仕組みについては136ページの表を参照のこと。
（参考）　㈳高層住宅管理業協会事務連絡（平成13年8月21日付）
③　規則第87条第2項に規定する管理組合等を名義人とする口座とは，管理組合理事長又は管理組合法人の理事を名義人とする口座をいい，その他のいかなる名義も含まれない。ただし，管理組合等への引き渡しのために当該管理組合理事長又は管理組合法人の理事が選任されるまでの間一時的に管理業者の名義（代行等）で保管する場合を除く。
④　規則第87条第2項に規定する預貯金とは預金保険法第2条第2項に規定する預金等及び郵便貯金法第7条第1項に規定する郵便貯金をいい，有価証券とは証券取引法第2条第1項に規定する有価証券をいう。なお，損害保険会社が保険の引き受けを行ったことを証するために発行する保険証券は，預貯金及び有価証券に含まれない。
⑤　修繕積立金等を有価証券で管理する場合は，金融機関又は証券会社にその保管を委ねる方法（貸金庫等）によるものとし，管理業者は管理できないものとする。
⑥　（省略）
⑦　「収納代行方式」において，区分所有者等から受領した修繕積立金等の全額を管理組合の口座に移管した後，管理費用に充当する費用を管理組合から受領している場合は，管理受託契約で当該方法について管理組合との間で合意がある場合に限り，財産の分別管理の規定には抵触しないものとする。
⑧　規則87条第3項の管理組合口座に移管する修繕積立金とは，区分所有者から徴収した修繕積立金の「実入金」をいう。
⑨　（省略）
⑩　管理業者が区分所有法第25条に規定する管理者に選任されている場合は，規則第87条第2項及び4項の規定は適用しない。

（正解　3）

4 マンション管理適正化推進法・指針の問題

<問11> 管理業務主任者が法律上行うべき説明等について，該当しないものは次の記述のうちどれか。

1．マンション管理業者が，管理組合から管理事務の委託を受けて管理委託契約を締結する前に行う説明会での重要事項の説明。
2．管理組合から策定または見直しの依頼を受けた長期修繕計画の説明。
3．管理委託契約を同一の条件で更新するとき，あらかじめ管理組合の管理者等に対し重要事項の書面を交付して行う説明。
4．管理組合の事業年度終了後に，定期的に会計の収入および支出の状況等の管理事務報告を行うこと。

解説

1．○ 管理適正化法72条1項に該当する。
2．× 法律上それに該当する規定はない。
3．○ 管理適正化法72条3項に該当する。
4．○ 管理適正化法77条1項に該当する。

（正解 2）

<問12> マンション管理業者に対する国土交通大臣の監督処分についての次の記述のうち，誤っているものはどれか。

1. マンション管理業者が，業務に関して知り得た秘密を正当な理由なくして漏らした場合は，業務停止命令を命ずることができる。
2. 管理組合からの受託業務に関し，管理組合またはマンションの区分所有者等に損害を与えたときは，当該マンションの管理業者に対し必要な指示をすることができる。
3. マンション管理業者の業務および財産についての状況を記載した書類を，関係者の求めがあったにもかかわらず閲覧に応じなかった場合は，業務の全部または一部の停止を命じることができる。
4. 大臣の管理業務の停止命令に違反してマンション管理業を営んでいる管理業者に対し，登録の取消しができる。

解説

1. × 管理適正化法80条の秘密保持義務に違反すれば，81条に基づく「指示」に該当し，業務停止命令には該当しない。
2. ○ 同法81条の1号に該当する。
3. ○ 同法82条の2号に該当する。
4. ○ 同法83条の3号に該当する。

（正解　1）

4 マンション管理適正化推進法・指針の問題

<問13> 事務所ごとに設置する専任の管理業務主任者の数は，管理受託している管理組合30につき1人以上とされていることについての次の記述のうち，誤っているものはどれか。

1. 対象となる管理組合は，住居用の専有部分が6戸以上あることが条件である。
2. 複合用途型マンションで，複数の管理組合（全体・住宅・事務所等）が併存している場合は，それぞれの管理組合を1として算定する。
3. 団地型マンションで，複数の管理組合（全体・街区・棟別等）が併存する場合で，各管理組合から管理委託を受けているときは，それぞれ管理組合は1として算定する。
4. 賃貸用と分譲用とが併存しているマンションの管理組合は，対象にならない。

解説

1. ○ 管理適正化法56条1項，施行規則62条
2. ○ 平成13年8月21日付け㈳高層住宅管理業協会の事務連絡による。
3. ○ 同上
4. × 併存マンションであっても，分譲用の住戸が6戸以上あれば対象となる。

（正解 4）

<問14> マンション管理士および管理業務主任者の試験に合格した者が登録をする場合の，共通の欠格事項についての次の記述のうち，誤っているものはどれか。

1. 成年被後見人もしくは被保佐人，または破産者で復権を得ないもの。
2. 禁錮以上の刑に処せられ，その執行を終わり，または執行を受けることがなくなった日から2年を経過しない者。
3. 管理適正化法の規定により罰金の刑に処せられ，その執行を終わり，または執行を受けることがなくなった日から2年を経過しない者。
4. 虚偽その他不正の手段により登録を受けたことによりマンション管理業者の登録を取り消され，その取消しの日から2年を経過しない者。

解説
1. ×　マンション管理士については，成年被後見人または被保佐人の場合のみで，破産者は該当しない（管理適正化法30条1号）。
2. ○　同法30条2号，47条5号
3. ○　同法30条3号，47条6号
4. ○　同法30条6号，47条2号

（正解　1）

4 マンション管理適正化推進法・指針の問題

<問15> マンション管理の適正化のために，国および地方公共団体の果たすべき役割についての次の記述のうち，誤っているものはどれか。

1．マンション管理士制度が早期に定着し，広く利用されるよう普及のために必要な啓発を行うこと。
2．必要に応じ，マンションの実態調査および把握に努めること。
3．管理組合の管理者等からの相談に応じられるネットワーク作り。
4．老朽化マンションの補修，建替えのための劣化診断に必要な費用の補助制度の確立

解説
1．○ 「マンションの管理の適正化に関する指針」の五にある。
2．○ 同指針の六にある。
3．○ 同上
4．× そのような対策は明記されていない。

（正解　4）

<問16> マンション管理士に求められる役割についての次の記述のうち，不適切なものはどれか。
1．長期修繕計画や修繕積立金などについての企画，見直し等についての助言。
2．マンション居住者の義務違反に対する法的措置についての助言。
3．十分に機能していない管理組合の活性化を図るためのアドバイザー的役割。
4．居住者間のマナーに関する相談（例えば，ペット飼育問題，駐車場問題等）。

解説
1．3．4．のいずれも○
2．× 法的措置については弁護士の領域であるので，弁護士の紹介に止めること。

（正解　2）

4 マンション管理適正化推進法・指針の問題

<問17> マンション管理業者，管理業務主任者およびマンション管理士の年齢制限についての次の記述のうち，誤っているものはどれか。

1．マンション管理業者は事務所ごとに一定数以上の専任の管理業務主任者を設置しなければならないが，その管理業務主任者は成人でなければならない。
2．マンション管理業の登録をする際に申請者が未成年の場合，法定代理人が必要である。
3．マンション管理士の登録は未成年の場合は拒否される。
4．管理業務主任者の登録は，未成年でもできる。

解説

1．○ 管理適正化法56条1項
2．○ 同法45条1項4号
3．× 同法30条に登録の欠格要件が明示されているが，未成年は排除されていない。
4．○ 同法59条に登録の欠格要件が明示されているが，未成年は排除されていない。

（正解　3）

PART 3

マンション管理士のための法規集

1　建物の区分所有等に関する法律
2　マンション管理適正化法の概要
3　マンション管理適正化法施行規則の概要
4　マンション管理適正化に関する指針全文
5　マンション管理適正化法の施行について
6・7　中高層共同住宅標準管理規約(単棟型)全文・コメント
(巻末)「マンションの管理の適正化の推進に関する法律」・「同施行規則」全文対照表

1　建物の区分所有等に関する法律

昭和63年12月30日改正，法律第108号

第1章　建物の区分所有

第1節　総則

(建物の区分所有)
第1条　1棟の建物に構造上区分された数個の部分で独立して住居，店舗，事務所又は倉庫その他建物としての用途に供することができるものがあるときは，その各部分は，この法律の定めるところにより，それぞれ所有権の目的とすることができる。

(定義)
第2条　この法律において「区分所有権」とは，前条に規定する建物の部分（第4条第2項の規定により共用部分とされたものを除く。）を目的とする所有権をいう。
2　この法律において「区分所有者」とは，区分所有権を有する者をいう。
3　この法律において「専有部分」とは，区分所有権の目的たる建物の部分をいう。
4　この法律において「共用部分」とは，専有部分以外の建物の部分，専有部分に属しない建物の附属物及び第4条第2項の規定により共用部分とされた附属の建物をいう。
5　この法律において「建物の敷地」とは，建物が所在する土地および第5条第1項の規定により建物の敷地とされた土地をいう。
6　この法律において「敷地利用権」とは，専有部分を所有するための建物の敷地に関する権利をいう。

(区分所有者の団体)
第3条　区分所有者は，全員で，建物並びにその敷地及び附属施設の管理を行うための団体を構成し，この法律の定めるところにより，集会を開き，規約を定め，及び管理者を置くことができる。一部の区分所有者のみの共用に供されるべきことが明らかな共用部分（以下「一部共用部分」という。）をそれらの区分所有者が管理するときも，同様とする。

(共用部分)
第4条　数個の専有部分に通ずる廊下又は階段室その他構造上区分所有者の全員又はその一部の共用に供されるべき建物の部分は，区分所有権の目的とならないものとする。
2　第1条に規定する建物の部分及び附属の建物は，規約により共用部分とすることができる。この場合には，その旨の登記をしなければ，これをもって第三者に対抗することができない。

(規約による建物の敷地)
第5条　区分所有者が建物及び建物が所在する土地と一体として管理又は使用をする庭，通路その他の土地は，規約により建物の敷地とすることができる。
2　建物が所在する土地が建物の一部の滅失により建物が所在する土地以外の土地となったときは，その土地は，前項の規定により規約で建物の敷地と定められたものとみなす。建物が所在する土地の一部が分割により建物が所在する土地以外の土地となったときも，同様とする。

(区分所有者の権利義務等)
第6条　区分所有者は，建物の保存に有害な行為その他建物の管理又は使用に関し区分所有者の共同の利益に反する行為をしてはならない。
2　区分所有者は，その専有部分又は共用部分を保存し，又は改良するため必要な範囲内において，他の区分所有者の専有部分又は自己の所有に属しない共用部分の使用を請求することができる。この場合において，他の区分所有者が損害を受けたときは，その償金を支払わなければならない。
3　第1項の規定は，区分所有者以外の専有部分の占有者（以下「占有者」という。）に準用する。

(先取特権)
第7条　区分所有者は，共用部分，建物の敷地若しくは共用部分以外の建物の附属施設につき他の区分所有者に対して有する債権又は規約若しくは集会の決議に基づき他の区分所有者に対して有する債権について，債務者の区分所有権（共用部分に関する権利及び敷地利用権を含む。）及び建物に備え付けた動産の上に先取特権を有する。管理者又は管理組合法人がその職務又は業務を行うにつき区分所有者に対して有する債権についても，同様とする。
2　前項の先取特権は，優先権の順位及び効力については，共益費用の先取特権とみなす。
3　民法（明治29年法律第89号）第319条の規定は，第1項の先取特権に準用する。

(特定承継人の責任)
第8条　前条第1項に規定する債権は，債務者たる区分所有者の特定承継人に対しても行うことができる。

(建物の設置又は保存の瑕疵に関する推定)
第9条　建物の設置又は保存に瑕疵があることにより他人に損害を生じたときは，その瑕疵は，共用部分の設置又は保存にあるものと推定する。

(区分所有権売渡請求権)
第10条　敷地利用権を有しない区分所有者があるときは，その専有部分の収去を請求する権利を有する者は，その区分所有者に対し，区分所有権を時価で売り渡すべきことを請求することができる。

第2節　共用部分等

(共用部分の共有関係)
第11条　共用部分は，区分所有者全員の共有に属する。ただし，一部共用部分は，これを共用すべき区分所有者の共有に属する。
2　前項の規定は，規約で別段の定めをすることを妨げない。ただし，第27条第1項の場合を除いて，区分所有者以外の者を共用部分の所有者と定めることはできない。
3　民法第177条の規定は，共用部分には適用しない。
第12条　共用部分が区分所有者の全員又はその一部の共有に属する場合には，その共用部分の共有については，次条から第19条までに定めるところによる。
(共用部分の使用)
第13条　各共有者は，共用部分をその用方に従って使用することができる。
(共用部分の持分の割合)
第14条　各共有者の持分は，その有する専有部分の床面積の割合による。
2　前項の場合において，一部共用部分（附属の建物であるものを除く。）で床面積を有するものがあるときは，その一部共用部分の床面積は，これを共用すべき各区分所有者の専有部分の床面積の割合により配分して，それぞれの区分所有者の専有部分の床面積に算入するものとする。
3　前2項の床面積は，壁その他の区画の内側線で囲まれた部分の水平投影面積による。
4　前3項の規定は，規約で別段の定めをすることを妨げない。
(共用部分の持分の処分)
第15条　共有者の持分は，その有する専有部分の処分に従う。
2　共有者は，この法律に別段の定めがある場合を除いて，その有する専有部分と分離して持分を処分することができない。
(一部共用部分の管理)
第16条　一部共用部分の管理のうち，区分所有者全員の利害に関係するもの又は第31条第2項の規約に定めがあるものは区分所有者全員で，その他のものはこれを共用すべき区分所有者のみで行う。
(共用部分の変更)
第17条　共用部分の変更（改良を目的とし，かつ，著しく多額の費用を要しないものを除く。）は，区分所有者及び議決権の各4分の3以上の多数による集会の決議で決する。ただし，この区分所有者の定数は，規約でその過半数まで減ずることができる。
2　前項の場合において，共用部分の変更が専有部分の使用に特別の影響を及ぼすべきときは，その専有部分の所有者の承諾を得なければならない。
(共用部分の管理)
第18条　共用部分の管理に関する事項は，前条の場合を除いて，集会の決議で決する。ただし，保存行為は，各共有者がすることができる。

2 前項の規定は，規約で別段の定めをすることを妨げない。
3 前条第2項の規定は，第1項本文の場合に準用する。
4 共用部分につき損害保険契約をすることは，共用部分の管理に関する事項とみなす。
（共用部分の負担及び利益収取）
第19条 各共有者は，規約に別段の定めがない限りその持分に応じて，共用部分の負担に任じ，共用部分から生ずる利益を収取する。
（管理所有者の権限）
第20条 第11条第2項の規定により規約で共用部分の所有者と定められた区分所有者は，区分所有者全員（一部共用部分については，これを共用すべき区分所有者）のためにその共用部分を管理する義務を負う。この場合には，それらの区分所有者に対し，相当な管理費用を請求することができる。
2 前項の共用部分の所有者は，第17条第1項に規定する共用部分の変更をすることができない。
（共用部分に関する規定の準用）
第21条 建物の敷地又は共用部分以外の附属施設（これらに関する権利を含む。）が区分所有者の共有に属する場合には，第17条から第19条までの規定は，その敷地又は附属施設に準用する。

第3節 敷地利用権

（分離処分の禁止）
第22条 敷地利用権が数人で有する所有権その他の権利である場合には，区分所有者は，その有する専有部分とその専有部分に係る敷地利用権とを分離して処分することができない。ただし，規約に別段の定めがあるときは，この限りでない。
2 前項本文の場合において，区分所有者が数個の専有部分を所有するときは，各専有部分に係る敷地利用権の割合は，第14条第1項から第3項までに定める割合による。ただし，規約でこの割合と異なる割合が定められているときは，その割合による。
3 前2項の規定は，建物の専有部分の全部を所有する者の敷地利用権が単独で有する所有権その他の権利である場合に準用する。
（分離処分の無効の主張の制限）
第23条 前条第1項本文（同条第3項において準用する場合を含む。）の規定に違反する専有部分又は敷地利用権の処分については，その無効を善意の相手方に主張することができない。ただし，不動産登記法（明治32年法律第24号）の定めるところにより分離して処分することができない専有部分及び敷地利用権であることを登記した後に，その処分がされたときは，この限りでない。
（民法第255条の適用除外）
第24条 第22条第1項本文の場合には，民法第255条（同法第264条において準用する場合

を含む。）の規定は，敷地利用権には適用しない。

第4節　管理者
（選任及び解任）
第25条　区分所有者は，規約に別段の定めがない限り集会の決議によって，管理者を選任し，又は解任することができる。
2　管理者に不正な行為その他その職務を行うに適しない事情があるときは，各区分所有者は，その解任を裁判所に請求することができる。
（権限）
第26条　管理者は，共用部分並びに第21条に規定する場合における当該建物の敷地及び附属施設を保存し，集会の決議を実行し，並びに規約で定めた行為をする権利を有し，義務を負う。
2　管理者は，その職務に関し，区分所有者を代理する。第18条第4項（第21条において準用する場合を含む。）の規定による損害保険契約に基づく保険金額の請求及び受領についても，同様とする。
3　管理者の代理権に加えた制限は，善意の第三者に対抗することができない。
4　管理者は，規約又は集会の決議により，その職務（第2項後段に規定する事項を含む。）に関し，区分所有者のために，原告又は被告となることができる。
5　管理者は，前項の規約により原告又は被告となったときは，遅滞なく，区分所有者にその旨を通知しなければならない。この場合には，第35条第2項から第4項までの規定を準用する。
（管理所有）
第27条　管理者は，規約に特別の定めがあるときは，共用部分を所有することができる。
2　第6条第2項及び第20条の規定は，前項の場合に準用する。
（委任の規定の準用）
第28条　この法律及び規約に定めるもののほか，管理者の権利義務は，委任に関する規定に従う。
（区分所有者の責任等）
第29条　管理者がその職務の範囲内において第三者との間にした行為につき区分所有者がその責めに任ずべき割合は，第14条に定める割合と同一の割合とする。ただし，規約で建物並びにその敷地及び附属施設の管理に要する経費につき負担の割合が定められているときは，その割合による。
2　前項の行為により第三者が区分所有者に対して有する債権は，その特定承継人に対しても行うことができる。

第5節　規約及び集会

(規約事項)

第30条　建物又はその敷地若しくは附属施設の管理又は使用に関する区分所有者相互間の事項は，この法律に定めるもののほか，規約で定めることができる。

2　一部共用部分に関する事項で区分所有者全員の利害に関係しないものは，区分所有者全員の規約に定めがある場合を除いて，これを共用すべき区分所有者の規約で定めることができる。

3　前2項の場合には，区分所有者以外の者の権利を害することができない。

(規約の設定・変更及び廃止)

第31条　規約の設定，変更又は廃止は，区分所有者及び議決権の各4分の3以上の多数による集会の決議によってする。この場合において，規約の設定，変更又は廃止が一部の区分所有者の権利に特別の影響を及ぼすべきときは，その承諾を得なければならない。

2　前条第2項に規定する事項についての区分所有者全員の規約の設定，変更又は廃止は，当該一部共用部分を共用すべき区分所有者の4分の1を超える者又はその議決権の4分の1を超える議決権を有する者が反対したときは，することができない。

(公正証書による規約の設定)

第32条　最初に建物の専有部分の全部を有する者は，公正証書により，第4条第2項，第5条第1項並びに第22条第1項ただし書及び第2項ただし書（これらの規定を同条第3項において準用する場合を含む。）の規約を設定することができる。

(規約の保管及び閲覧)

第33条　規約は，管理者が保管しなければならない。ただし，管理者がないときは，建物を使用している区分所有者又はその代理人で規約又は集会の決議で定めるものが保管しなければならない。

2　前項の規定により規約を保管する者は，利害関係人の請求があったときは，正当な理由がある場合を除いて，規約の閲覧を拒んではならない。

3　規約の保管場所は，建物内の見やすい場所に掲示しなければならない。

(集会の招集)

第34条　集会は，管理者が招集する。

2　管理者は，少なくとも毎年1回集会を招集しなければならない。

3　区分所有者の5分の1以上で議決権の5分の1以上を有するものは，管理者に対し，会議の目的たる事項を示して，集会の招集を請求することができる。ただし，この定数は，規約で減ずることができる。

4　前項の規定による請求がされた場合において，2週間以内にその請求の日から4週間以内の日を会日とする集会の招集の通知が発せられなかったときは，その請求をした区分所有者は，集会を招集することができる。

5　管理者がないときは，区分所有者の5分の1以上で議決権の5分の1以上を有するも

のは，集会を招集することができる。ただし，この定数は，規約で減ずることができる。
(招集の通知)
第35条　集会の招集の通知は，会日より少なくとも1週間前に，会議の目的たる事項を示して，各区分所有者に発しなければならない。ただし，この期間は，規約で伸縮することができる。
2　専有部分が数人の共有に属するときは，前項の通知は，第40条の規定により定められた議決権を行使すべき者（その者がないときは，共有者の1人）にすれば足りる。
3　第1項の通知は，区分所有者が管理者に対して通知を受けるべき場所を通知したときはその場所に，これを通知しなかったときは区分所有者の所有する専有部分が所在する場所にあててすれば足りる。この場合には，同項の通知は，通常それが到達すべき時に到達したものとみなす。
4　建物内に住所を有する区分所有者又は前項の通知を受けるべき場所を通知しない区分所有者に対する第1項の通知は，規約に特別の定めがあるときは，建物内の見やすい場所に掲示してすることができる。この場合には，同項の通知は，その掲示をした時に到達したものとみなす。
5　第1項の通知をする場合において，会議の目的たる事項が第17条第1項，第31条第1項，第61条第5項，第62条第1項又は第68条第1項に規定する決議事項であるときは，その議案の要領をも通知しなければならない。
(招集手続の省略)
第36条　集会は，区分所有者全員の同意があるときは，招集の手続を経ないで開くことができる。
(決議事項の制限)
第37条　集会においては，第35条の規定によりあらかじめ通知した事項についてのみ，決議することができる。
2　前項の規定は，この法律に集会の決議につき特別の定数が定められている事項を除いて，規約で別段の定めをすることを妨げない。
3　前2項の規定は，前条の規定による集会には適用しない。
(議決権)
第38条　各区分所有者の議決権は，規約に別段の定めがない限り，第14条に定める割合による。
(議事)
第39条　集会の議事は，この法律又は規約に別段の定めがない限り，区分所有者及び議決権の各過半数で決する。
2　議決権は，書面で，又は代理人によって行使することができる。
(議決権行使者の指定)
第40条　専有部分が数人の共有に属するときは，共有者は，議決権を行使すべき者1人を

定めなければならない。
(議長)
第41条　集会においては，規約に別段の定めがある場合及び別段の決議をした場合を除いて，管理者又は集会を招集した区分所有者の1人が議長となる。
(議事録)
第42条　集会の議事については，議長は議事録を作成しなければならない。
2　議事録には，議事の経過の要領及びその結果を記載し，議長及び集会に出席した区分所有者の2人がこれに署名押印しなければならない。
3　第33条の規定は，議事録に準用する。
(事務の報告)
第43条　管理者は，集会において，毎年1回一定の時期に，その事務に関する報告をしなければならない。
(占有者の意見陳述書)
第44条　区分所有者の承諾を得て専有部分を占有する者は，会議の目的たる事項につき利害関係を有する場合には，集会に出席して意見を述べることができる。
2　前項に規定する場合には，集会を招集する者は，第35条の規定により招集の通知を発した後遅滞なく，集会の日時，場所及び会議の目的たる事項を建物内の見やすい場所に掲示しなければならない。
(書面決議)
第45条　この法律又は規約により集会において決議すべきものとされた事項については，区分所有者全員の書面による合意があったときは，集会の決議があったものとみなす。
2　第33条の規定は，前項の書面に準用する。
(規約及び集会の決議の効力)
第46条　規約及び集会の決議は，区分所有者の特定承継人に対しても，その効力を生ずる。
2　占有者は，建物又はその敷地若しくは附属施設の使用方法につき，区分所有者が規約又は集会の決議に基づいて負う義務と同一の義務を負う。

第6節　管理組合法人

(成立時)
第47条　第3条に規定する団体で区分所有者の数が30人以上であるものは，区分所有者及び議決権の各4分の3以上の多数による集会の決議で法人となる旨並びにその名称及び事務所を定め，かつ，その主たる事務所の所在地において登記をすることによって法人となる。
2　前項の規定による法人は，管理組合法人と称する。
3　この法律に規定するもののほか，管理組合法人の登記に関して必要な事項は，政令で定める。

4　管理組合法人に関して登記すべき事項は，登記した後でなければ，第三者に対抗することができない。
5　管理組合法人の成立前の集会の決議，規約及び管理者の職務の範囲内の行為は，管理組合法人につき効力を生ずる。
6　管理組合法人は，区分所有者を代理して，第18条第4項（第21条において準用する場合を含む。）の規定による損害保険契約に基づく保険金額を請求し，受領することができる。
7　民法第43条，第44条，第50条及び第51条の規定は管理組合法人に，破産法（大正11年法律第71号）第127条第2項の規定は存立中の管理組合法人に準用する。
8　第4節及び第33条第1項ただし書（第42条第3項及び第45条第2項において準用する場合を含む。）の規定は，管理組合法人には適用しない。
9　管理組合法人について，第33条第1項本文（第42条第3項及び第45条第2項において準用する場合を含む。以下この項において同じ。）の規定を適用する場合には第33条第1項本文中「管理者が」とあるのは「理事が管理組合法人の事務所において」と第34条第1項から第3項まで及び第5項，第35条第3項，第41条並びに第43条の規定を適用する場合にはこれらの規定中「管理者」とあるのは「理事」とする。
10　管理組合法人は，法人税法（昭和40年法律第34号）その他法人税に関する法令の規定の適用については，同法第2条第6号に規定する公益法人等とみなす。この場合において，同法第37条の規定を適用する場合には同条第3項及び第4項中「公益法人等」とあるのは「公益法人等（管理組合法人を除く。）」と，同法第66条の規定を適用する場合には同条第1項及び第2項中「普通法人」とあるのは「普通法人（管理組合法人を含む。）」と，同条第3項中「公益法人等」とあるのは「公益法人等（管理組合法人を除く。）」とする。
11　管理組合法人は，消費税法（昭和63年法律第108号）その他消費税に関する法令の規定の適用については，同法別表第3にかかげる法人とみなす。
（名称）
第48条　管理組合法人は，その名称中に管理組合法人という文字を用いなければならない。
2　管理組合法人でないものは，その名称中に管理組合法人という文字を用いてはならない。
（理事）
第49条　管理組合法人には，理事を置かなければならない。
2　理事は，管理組合法人を代表する。
3　理事が数人あるときは，各自管理組合法人を代表する。
4　前項の規定は，規約若しくは集会の決議によって，管理組合法人を代表すべき理事を定め，若しくは数人の理事が共同して管理組合法人を代表すべきことを定め，又は規約の定めに基づき理事の互選によって管理組合法人を代表すべき理事を定めることを妨げ

ない。
5　理事の任期は，2年とする。ただし，規約で3年以内において別段の期間を定めたときは，その期間とする。
6　理事が欠けた場合又は規約で定めた理事の員数が欠けた場合には，任期の満了又は辞任により退任した理事は，新たに選任された理事が就任するまで，なおその職務を行う。
7　第25条，民法第52条第2項及び第54条から第56条まで並びに非訟事件手続法（明治31年法律第14号）第35条第1項の規定は，理事に準用する。
（監事）
第50条　管理組合法人には，監事を置かなければならない。
2　監事は，理事又は管理組合法人の使用人と兼ねてはならない。
3　第25条並びに前条第5項及び第6項，民法第56条及び第59条並びに非訟事件手続法第35条第1項の規定は，監事に準用する。
（監事の代表権）
第51条　管理組合法人と理事との利益が相反する事項については，監事が管理組合法人を代表する。
（事務の執行）
第52条　管理組合法人の事務は，この法律に定めるもののほか，すべて集会の決議によって行う。ただし，この法律に集会の決議についての特別の定数が定められている事項及び第57条第2項に規定する事項を除いて，規約で，理事その他の役員が決するものとすることができる。
2　前項の規定にかかわらず，保存行為は，理事が決することができる。
（区分所有者の責任）
第53条　管理組合法人の財産をもってその債務を完済することができないときは，区分所有者は，第14条に定める割合と同一の割合で，その債務の弁済の責めに任ずる。ただし，第29条第1項ただし書に規定する負担の割合が定められているときは，その割合による。
2　管理組合法人の財産に対する強制執行がその効を奏しなかったときも，前項と同様とする。
3　前項の規定は，区分所有者が管理組合法人に資力があり，かつ，執行が容易であることを証明したときは，適用しない。
（特定承継人の責任）
第54条　区分所有者の特定承継人は，その承継前に生じた管理組合法人の債務についても，その区分所有者が前条の規定により負う責任と同一の責任を負う。
（解散）
第55条　管理組合法人は，次の事由によって解散する。
　一　建物（一部共用部分を共用すべき区分所有者で構成する管理組合　法人にあっては，その共用部分）の全部の滅失

二　建物に専有部分がなくなったこと
三　集会の決議
2　前項第3号の決議は，区分所有者及び議決権の各4分の3以上の多数である。
3　民法第73条から第76条まで及び第78条から第82条まで並びに非訟事件手続法第35条第2項及び第36条から第37条ノ2までの規定は，管理組合法人の解散及び清算に準用する。
(残余財産の帰属)
第56条　解散した管理組合法人の財産は，規約に別段の定めがある場合を除いて，第14条に定める割合と同一の割合で各区分所有者に帰属する。

第7節　義務違反者に対する措置

(共同の利益に反する行為の停止等の請求)
第57条　区分所有者が第6条第1項に規定する行為をした場合又はその行為をするおそれがある場合には，他の区分所有者の全員又は管理組合法人は，区分所有者の共同の利益のため，その行為を停止し，その行為の結果を除去し，又はその行為を予防するため必要な措置を執ることを請求することができる。
2　前項の規定に基づき訴訟を提起するには，集会の決議によらなければならない。
3　管理者又は集会において指定された区分所有者は，集会の決議により，第1項の他の区分所有者の全員のために，前項に規定する訴訟を提起することができる。
4　前3項の規定は，占有者が第6条第3項において準用する同条第1項に規定する行為をした場合及びその行為をするおそれがある場合に準用する。
(使用禁止の請求)
第58条　前条第1項に規定する場合において，第6条第1項に規定する行為による区分所有者の共同生活上の障害が著しく，前条第1項に規定する請求によってはその障害を除去して共用部分の利用の確保その他の区分所有者の共同生活の維持を図ることが困難であるときは，他の区分所有者の全員又は管理組合法人は，集会の決議に基づき，訴えをもって，相当の期間の当該行為に係る区分所有者による専有部分の使用の禁止を請求することができる。
2　前項の決議は，区分所有者及び議決権の各4分の3以上の多数である。
3　第1項の決議をするには，あらかじめ，当該区分所有者に対し，弁明する機会を与えなければならない。
4　前条第3項の規定は，第1項の訴えの提起に準用する。
(区分所有権の競売の請求)
第59条　第57条第1項に規定する場合において，第6条第1項に規定する行為による区分所有者の共同生活上の障害が著しく，他の方法によってはその障害を除去して共用部分の利用の確保その他の区分所有者の共同生活の維持を図ることが困難であるときは，他の区分所有者の全員又は管理組合法人は，集会の決議に基づき，訴えをもって，当該行

為に係る区分所有者の区分所有権及び敷地利用権の競売を請求することができる。
2 第57条第3項の規定は前項の訴えの提起に，前条第2項及び第3項の規定は前項の決議に準用する。
3 第1項の規定による判決に基づく競売の申立ては，その判決が確定した日から6月を経過したときは，することができない。
4 前項の競売においては，競売を申し立てられた区分所有者又はその者の計算において買い受けようとする者は，買受けの申出をすることができない。

（占有者に対する引渡し請求）
第60条　第57条第4項に規定する場合において，第6条第3項において準用する同条第1項に規定する行為による区分所有者の共同生活上の障害が著しく，他の方法によってはその障害を除去して共用部分の利用の確保その他の区分所有者の共同生活の維持を図ることが困難であるときは，区分所有者の全員又は管理組合法人は，集会の決議に基づき，訴えをもって，当該行為に係る占有者が占有する専有部分の使用又は収益を目的とする契約の解除及びその専有部分の引渡しを請求することができる。
2 第57条第3項の規定は前項の訴えの提起に，第58条第2項及び第3項の規定は前項の決議に準用する。
3 第1項の規定による判決に基づき専有部分の引渡しを受けた者は，遅滞なく，その専有部分を占有する権原を有する者にこれを引き渡さなければならない。

第8節　復旧及び建替え

（建物の一部が滅失した場合の復旧等）
第61条　建物の価格の2分の1以下に相当する部分が滅失したときは，各区分所有者は，滅失した共用部分及び自己の専有部分を復旧することができる。ただし，共用部分については，復旧の工事に着手するまでに第3項又は次条第1項の決議があったときは，この限りでない。
2 前項の規定により共用部分を復旧した者は，他の区分所有者に対し，復旧に要した金額を第14条に定める割合に応じて償還すべきことを請求することができる。
3 第1項本文に規定する場合には，集会において，滅失した共用部分を復旧する旨の決議をすることができる。
4 第3項の規定は，規約で別段の定めをすることを妨げない。
5 第1項本文に規定する場合を除いて，建物の一部が滅失したときは，集会において，区分所有者及び議決権の各4分の3以上の多数で，滅失した共用部分を復旧する旨の決議をすることができる。
6 前項の決議をした集会の議事録には，その決議についての各区分所有者の賛否をも記載しなければならない。
7 第5項の決議があったときは，その決議に賛成した区分所有者（その承継人を含

む。）以外の区分所有者は，決議に賛成した区分所有者（その承継人を含む。）に対し，建物及びその敷地に関する権利を時価で買い取るべきことを請求することができる。
8　第5項に規定する場合において，建物の一部が滅失した日から6月以内に同項又は次条第1項の決議がないときは，各区分所有者は，他の区分所有者に対し，建物及びその敷地に関する権利を時価で買い取るべきことを請求することができる。
9　第2項及び前2項の場合には，裁判所は，償還又は買取りの請求を受けた区分所有者の請求により，償還金又は代金の支払につき相当の期限を許与することができる。
（建替え決議）
第62条　老朽，損傷，一部の滅失その他の事由により，建物の価額その他の事情に照らし，建物がその効用を維持し，又は回復するのに過分の費用を要するに至ったときは，集会において，区分所有者及び議決権の各5分の4以上の多数で，建物を取り壊し，かつ，建物の敷地に新たに主たる使用目的を同一とする建物を建築する旨の決議（以下「建替え決議」という。）をすることができる。
2　建替え決議においては，次の事項を定めなければならない。
　一　新たに建築する建物（以下「再建建物」という。）の設計の概要
　二　建物の取壊し及び再建建物の建築に要する費用の概算額
　三　前号に規定する費用の分担に関する事項
　四　再建建物の区分所有権の帰属に関する事項
3　前項第3号及び第4号の事項は，各区分所有者の衡平を害しないように定めなければならない。
4　前条第6項の規定は，建替え決議をした集会の議事録に準用する。
（区分所有権等の売渡し請求等）
第63条　建替え決議があったときは，集会を招集した者は，遅滞なく，建替え決議に賛成しなかった区分所有者（その承継人を含む。）に対し，建替え決議の内容により建替えに参加するか否かを回答すべき旨を書面で催告しなければならない。
2　前項に規定する区分所有者は，同項の規定による催告を受けた日から2月以内に回答しなければならない。
3　前項の期間内に回答しなかった第1項に規定する区分所有者は，建替えに参加しない旨を回答したものとみなす。
4　第2項の期間が経過したときは，建替え決議に賛成した各区分所有者若しくは建替え決議の内容により建替えに参加する旨を回答した各区分所有者（これらの者の承継人を含む。）又はこれらの者の全員の合意により区分所有権及び敷地利用権を買い受けることができる者として指定された者（以下「買受指定者」という。）は，同項の期間の満了の日から2月以内に，建替えに参加しない旨を回答した区分所有者（その承継人を含む。）に対し，区分所有権及び敷地利用権を時価で売り渡すべきことを請求することができる。建替え決議があった後にこの区分所有者から敷地利用権のみを取得した者（そ

の承継人を含む。）の敷地利用権についても，同様とする。
5　前項の規定による請求があった場合において，建替えに参加しない旨を回答した区分所有者が建物の明渡しによりその生活上著しい困難を生ずるおそれがあり，かつ，建替え決議の遂行に甚だしい影響を及ぼさないものと認めるべき顕著な事由があるときは，裁判所は，その者の請求により，代金の支払又は提供の日から1年を超えない範囲内において，建物の明渡しにつき相当の期限を許与することができる。
6　建替え決議の日から2年以内に建物の取壊しの工事に着手しない場合には，第4項の規定により区分所有権又は敷地利用権を売り渡した者は，この期間の満了の日から6月以内に，買主が支払った代金に相当する金銭をその区分所有権又は敷地利用権を現在有する者に提供して，これらの権利を売り渡すべきことを請求することができる。ただし，建物の取壊しの工事に着手しなかったことにつき正当な理由があるときは，この限りでない。
7　前項本文の規定は，同項ただし書に規定する場合において，建物の取壊しの工事の着手を妨げる理由がなくなった日から6月以内にその着手をしないときに準用する。この場合において，同項本文中「この期間の満了の日から6月以内に」とあるのは，「建物の取壊しの工事の着手を妨げる理由がなくなったことを知った日から6月又はその理由がなくなった日から2年のいずれか早い時期までに」と読み替えるものとする。
（建替えに関する合意）
第64条　建替え決議に賛成した各区分所有者，建替え決議の内容により建替えに参加する旨を回答した各区分所有者及び区分所有権又は敷地利用権を買い受けた各買受指定者（これらの者の承継人を含む。）は，建替え決議の内容により建替えを行う旨の合意をしたものとみなす。

第2章　団地

（団地建物所有者の団体）
第65条　一団地内に数棟の建物があって，その団地内の土地又は附属施設（これらに関する権利を含む。）がそれらの建物の所有者（専有部分のある建物にあっては，区分所有者）の共有に属する場合には，それらの所有者（以下「団地建物所有者」という。）は，全員で，その団地内の土地，附属施設及び専有部分のある建物の管理を行うための団体を構成し，この法律の定めるところにより，集会を開き，規約を定め，及び管理者を置くことができる。
（建物の区分所有に関する規定の準用）
第66条　第7条，第8条，第17条から第19条まで，第25条，第26条，第28条，第29条，第30条第1項及び第3項，第31条第1項並びに第33条から第56条までの規定は，前条の場合に準用する。この場合において，これらの規定（第55条第1項第1号を除く。）中

「区分所有者」とあるのは「第65条に規定する団地建物所有者」と、「管理組合法人」とあるのは「団地管理組合法人」と、第7条第1項中「共用部分、建物の敷地若しくは共用部分以外の建物の附属施設」とあるのは「第65条に規定する場合における当該土地若しくは附属施設（以下「土地等」という。）」と、「区分所有権」とあるのは「土地等に関する権利、建物又は区分所有権」と、第17条、第18条第1項及び第4項並びに第19条中「共用部分」とあり、第26条第1項中「共用部分ならびに第21条に規定する場合における当該建物の敷地及び附属施設」とあり、並びに第29条第1項中「建物並びにその敷地及び附属施設」とあるのは「土地等並びに第68条の規定による規約により管理すべきものと定められた同条第1項第1号に掲げる土地及び附属施設並びに同項第2号に掲げる建物の共用部分」と、第17条第2項、第35条第2項及び第3項、第40条並びに第44条第1項中「専有部分」とあるのは「建物又は専有部分」と、第29条第1項、第38条、第53条第1項及び第56条中「第14条に定める」とあるのは「土地等（これらに関する権利を含む。）の持分の」と、第30条第1項及び第46条第2項中「建物又はその敷地若しくは附属施設」とあるのは「土地等又は第68条第1項各号に掲げる物」と、第33条第3項、第35条第4項及び第44条第2項中「建物内」とあるのは「団地内」と、第46条第2項中「占有者」とあるのは「建物又は専有部分を占有する者で第65条に規定する団地建物所有者でないもの」と、第47条第1項中「第3条」とあるのは「第65条」と、第55条第1項第1号中「建物（一部共用部分を共用すべき区分所有者で構成する管理組合法人にあっては、その共用部分）」とあるのは「土地等（これらに関する権利を含む。）」と、同項第2号中「建物に専有部分が」とあるのは「土地等（これらに関する権利を含む。）が第65条に規定する団地建物所有者の共有で」と読み替えるものとする。

(団地共用部分)
第67条　一団地内の附属施設たる建物（第1条に規定する建物部分を含む。）は、前条において準用する第30条第1項の規約により団地共用部分とすることができる。この場合においては、その旨の登記をしなければ、これをもって第三者に対抗することができない。

2　一団地内の数棟の建物の全部を所有する者は、公正証書により、前項の規約を規定することができる。

3　第11条第1項本文及び第3項並びに第13条から第15条までの規定は、団地共用部分に準用する。この場合において、第11条第1項本文中「区分所有者」とあるのは「第65条に規定する団地建物所有者」と、第14条第1項及び第15条中「専有部分」とあるのは「建物又は専有部分」と読み替えるものとする。

(規約の設定の特例)
第68条　次の物につき第66条において準用する第30条第1項の規約を定めるには、第1号に掲げる土地又は附属施設にあっては当該土地の全部又は附属施設の全部につきそれぞれ共有者の4分の3以上でその持分の4分の3以上を有するものの同意、第2号に掲げ

る建物にあってはその全部につきそれぞれ第34条の規定による集会における区分所有者及び議決権の各4分の3以上の多数による決議があることを要する。
　一　一団地内の土地又は附属施設（これらに関する権利を含む。）が当該団地内の一部の建物の所有者（専有部分のある建物にあっては，区分所有者）の共有に属する場合における当該土地又は附属施設（専有部分のある建物以外の建物の所有者のみの共有に属するものを除く。）
　二　当該団地内の専有部分のある建物
2　第31条第2項の規定は，前項第2号に掲げる建物の一部共用部分に関する事項で区分所有者全員の利害に関係しないものについての同項の集会の決議に準用する。

第3章　罰則

第69条　次の各号の1に該当する場合には，その行為をした管理者，理事，規約を保管する者，議長又は清算人は，10万円以下の過料に処する。
　一　第33条第1項本文（第42条第3項及び第45条第2項（これらの規定を第66条において準用する場合を含む。）並びに第66条において準用する場合を含む。以下この号において同じ。）又は第47条第9項（第66条において準用する場合を含む。）において読み替えて適用される第33条第1項本文の規定に違反して，規約，議事録又は第45条第1項（第66条において準用する場合を含む。）の書面の保管をしなかったとき。
　二　第33条第2項（第42条第3項及び第45条第2項（これらの規定を第66条において準用する場合を含む。）並びに第66条において準用する場合を含む。）の規定に違反して，正当な理由がないのに，前号に規定する書類の閲覧を拒んだとき。
　三　第42条第1項又は第2項（これらの規定を第66条において準用する場合を含む。）の規定に違反して，議事録を作成せず，又は議事録に記載すべき事項を記載せず，若しくは虚偽の記載をしたとき。
　四　第43条（第47条第9項（第66条において準用する場合を含む。）において読み替えて適用される場合及び第66条において準用する場合を含む。）の規定に違反して，報告をせず，又は虚偽の報告をしたとき。
　五　第47条第3項（第66条において準用する場合を含む。）の規定に基づく政令に定める登記を怠ったとき。
　六　第47条第7項（第66条において準用する場合を含む。）において準用する民法第51条第1項の規定に違反して，財産目録を作成せず，又は財産目録に不正の記載をしたとき。
　七　理事若しくは監事が欠けた場合又は規約で定めたその員数が欠けた場合において，その選任手続を怠ったとき。
　八　第55条第3項（第66条において準用する場合を含む。）において準用する民法第79

条第1項又は第81条第1項の規定による公告を怠り，又は不正の公告をしたとき。
　九　第55条第3項（第66条において準用する場合を含む。）において準用する民法第81条第1項の規定による破産宣告の請求を怠ったとき。
　十　第55条第3項（第66条において準用する場合を含む。）において準用する民法第82条第2項の規定による検査を妨げたとき。
第70条　第48条第2項（第66条において準用する場合を含む。）の規定に違反した者は，5万円以下の過料に処する。

附則抄

（以下省略）

2 「マンションの管理の適正化の推進に関する法律」の概要
―― 平成12年12月8日法律第149号 ――

1. 目 的

多数の区分所有者が居住するマンションの重要性が増大していることにかんがみ,マンションの管理の適正化を推進するための措置を講ずることにより,マンションにおける良好な居住環境の確保を図り,もって国民生活の安定向上等に寄与することを目的とする。

マンション:二以上の区分所有者が存する建物で人の居住の用に供する専有部分のあるもの並びにその敷地及び附属施設等をいう。

2. 管理組合による管理の適正化を確保するための施策

(1) 国土交通大臣によるマンション管理適正化指針の策定
(2) 管理組合,区分所有者による適正な管理に関する努力義務規定
(3) 国・地方公共団体による情報提供等の措置

3. マンション管理士の資格の創設

(1) マンション管理士
　国土交通大臣の登録を受けて,管理組合の運営その他のマンションの管理に関し,相談に応じ,助言・指導等を業として行う者
(2) マンション管理士の義務等
　名称使用制限,秘密保持義務,講習受講義務,信用失墜行為の禁止

4. マンション管理業の適正化のための措置

(1) マンション管理登録制度の創設
　・登録の義務づけ
　・管理業務主任者の設置
　・業務規制(重要事項説明,委託契約書面交付義務,修繕積立金等の分別管理)
　・情報開示(管理実績,財務諸表等)
(2) マンション管理業の健全な発展を図るための組織の指定
　・管理業に関する苦情処理
　・管理業に従事する者に対する講習
　・管理費等についての保証

5．マンションの管理の支援のための専門的な組織の指定

(1) 管理に関する相談，苦情処理
(2) 管理組合への情報提供，技術的支援

6．分譲段階における適正化の措置

　　竣工図書の管理組合への引渡の徹底等

3　「マンションの管理の適正化の推進に関する法律施行規則」の概要
　　　　　——平成13年8月1日国土交通省令第110号——

第1章　マンション管理士

1．マンション管理士試験
(1) 試験の内容（法7条1項）
　① マンションの管理に関する法令及び実務に関すること（④に掲げるものを除く）。
　② 管理組合の運営の円滑化に関すること。
　③ マンションの建物及び附属施設の形質及び構造に関すること。
　④ マンションの管理の適正化の推進に関する法律に関すること。
(2) 試験の一部免除（法7条2項）
　→管理業務主任者試験合格者については，試験内容のうち「マンションの管理の適正化の推進に関する法律に関すること」を免除する。

2．マンション管理士の登録
(1) 登録申請書の様式（法30条1項）
(2) 登録申請書（法30条1項）の添付書類
　→住民票，成年被後見人等に該当しない旨の証明書等
(3) マンション管理士登録簿の登載事項（法30条2項）
　→住所，登録番号，試験の合格年月日等
(4) マンション管理士登録証の登載事項（法31条）
　→（氏名，生年月日：法律で規定）住所，登録番号等

3．マンション管理士の講習
(1) 講習を受けなければならない期間（法41条1項）
　→5年ごと
(2) 講習受講申込書の様式（法41条1項）
(3) 講習修了証書の交付（法41条1項）

第2章　マンション管理業

1．マンション管理業の登録
(1) 登録申請書（法45条1項）の様式
(2) 登録申請書の添付書類（法45条2項）
　→登記簿謄本，財務諸表（貸借対照表・損益計算書），修繕積立金等返還債務保証，措置証明等
(3) 登録要件としての財産的基礎の基準（法47条十号）
　→基準資産額300万円以上
(4) 管理業者登録簿の閲覧書類（法49条）
　→登録申請書類及び添付書類，変更届出書類

2．管理業務主任者の設置
(1) 事務所ごとに設置すべき管理業務主任者の数（法56条）
　→30組合につき1名
(2) 管理業務主任者の設置を要しない事務所（法56条）
　→5戸以下のマンションのみを取り扱う事務所

3．管理業務主任者試験
(1) 試験の内容（法57条1項）
　① 管理事務の委託契約に関すること
　② 管理組合の会計の収入及び支出の調停並びに出納に関すること
　③ 建物及び附属設備の維持又は修繕に関する企画又は実施の調整に関すること
　④ マンションの管理の適正化の推進に関する法律に関すること
　⑤ 上記のほか，管理事務の実施に関すること
(2) 試験の一部免除（法57条2項）
　→マンション管理士試験合格者については，試験内容のうち「マンションの管理の適正化の推進に関する法律に関すること」を免除する。

4．管理業務主任者登録

(1) 登録申請書（法59条1項）の様式
(2) 登録申請書（法59条1項）の添付書類
　→住民票，成年被後見人等に該当しない旨の証明書等
(3) 管理業務主任者登録簿の登載事項（法59条2項）
　→住所，登録番号，試験の合格年月日等
(4) 管理業務主任者証の記載事項（法60条1項）
　→（氏名，生年月日：法律で規定）住所，登録番号等

5．マンション管理業務

(1) 管理受託契約締結前の重要事項説明（法72条）
　① 管理受託契約締結前の重要事項説明を要しないもの
　　→新築マンションの工事完了の日から1年以内に契約期間が満了するもの
　② 重要説明事項の内容
　　　マンション管理業者の商号・名称等，契約期間・契約更新・契約解除に関する事項，管理事務の実施方法，修繕積立金等返還債務保証措置に関する事項，管理事務に要する費用に関する事項，管理事務の再委託に関する事項等
　③ 重要事項の説明方法
　　　管理事務の委託を受けた管理組合ごとに，説明会の1週間前までに開催日・場所について見やすい場所に掲示
(2) 管理受託契約締結の際に交付すべき書面の内容（法73条）
　→（契約対象部分，管理事務の実施方法，管理事務に要する費用，契約期間・更新・解除に関する事項等：法律で規定）契約当事者の氏名，管理事務の報告に関する事項，宅建業者からマンションの情報を要求された場合の措置に関する事項，免責事項等
(3) 財産の分別管理（法76条）→（136頁図参照）
　① 修繕積立金（法で規定）以外に分別管理すべき財産
　　→区分所有者等から受領した管理に要する費用に充当される金銭
　② 財産管理の方法
　　→預貯金名義：管理組合名義，預金通帳・印鑑の同時保有の原則禁止
　※ただし，
　　イ）支払一任代行方式による場合であって，修繕積立金等の徴収から1ヶ月以内に，管理業者が管理組合の別の修繕積立金用口座に修繕積立金を移し換えするときで，かつ修繕積立金等の返還債務保証措置を講じるものについては，預貯金通帳・印鑑の同時保有を認めることとする
　　ロ）収納代行方式による場合であって，修繕積立金等の徴収から1ヶ月以内にマンション管理業者が管理組合の預貯金口座に，精算後の差額を払い込むときで，かつ

修繕積立金等の返還債務保証措置を講じるものについては、管理業者名義での一時的な保管を認めることとする
(4) 管理業務主任者が報告すべき管理事務（法77条）
　① 報告事項
　　→管理組合の会計収支状況，契約の内容に関する事項等
　② 報告等
　　→事業年度終了後遅滞なく管理事務報告書を作成し，定期に管理者等に交付
(5) 事務所ごとの閲覧書類（法79条）
　→業務状況調書，貸借対照表・損益計算書等

第3章　マンション管理適正化推進センター

(1) 適正化業務規程の記載事項（施行規則94条）
　→業務時間，実施の方法，秘密の保持等
(2) 帳簿の備付け等（施行規則95条）
　→業務内容の保存等

第4章　マンション管理業者の団体

保証業務承認申請書の記載内容，添付書類（施行規則97条1項）等

第5章　雑則

設計図書の交付
(1) 宅建業者が管理者等に交付しなければならない設計図書の内容（法103条）
　→工事完了時の付近見取り図，配置図，仕様書，構造詳細図，構造計算書等
(2) <u>1年以内</u>に管理者が選任されないときは，適用除外とする

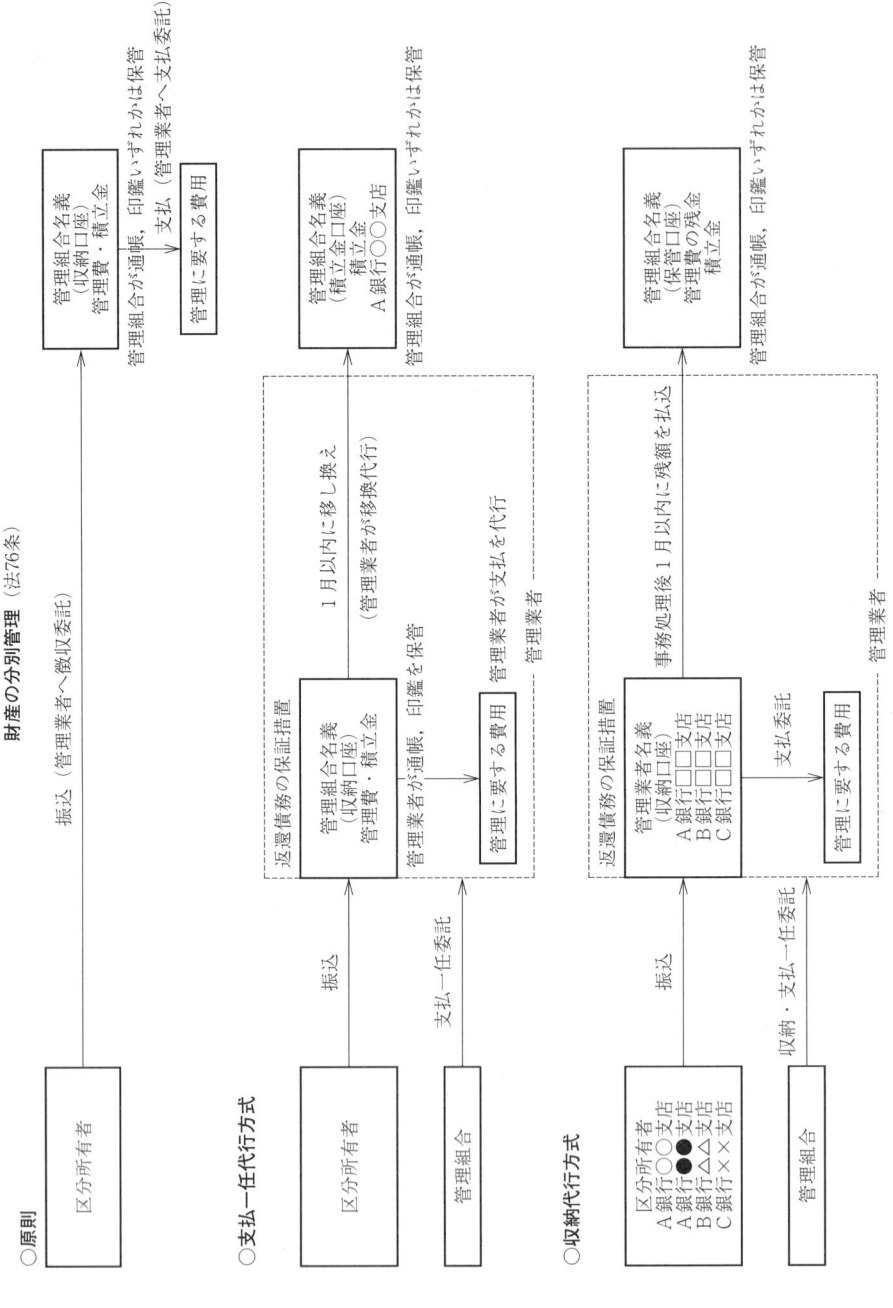

PART 3 マンション管理士のための法規集

財産の分別管理（法76条）

○原則

区分所有者 →（振込（管理業者へ徴収委託））→ 管理組合名義（収納口座）管理費・積立金

支払（管理業者へ支払委託）→ 管理に要する費用

管理組合が通帳、印鑑いずれかは保管

○支払一任代行方式

区分所有者 →（振込）→ 管理組合名義（収納口座）管理費・積立金 →（1月以内に移し換え（管理業者が移換代行））→ 管理組合名義（積立金口座）積立金 A銀行○○支店

返還債務の保証措置

管理組合 →（支払一任委託）→ 管理業者が支払を代行 → 管理に要する費用

管理業者

管理組合が通帳、印鑑を保管

管理組合が通帳、印鑑いずれかは保管

○収納代行方式

区分所有者
A銀行○○支店
B銀行△△支店
C銀行××支店
→（振込）→ 管理組合名義（収納口座）A銀行□□支店 B銀行□□支店 C銀行□□支店 →（事務処理後1月以内に残額を払込）→ 管理組合名義（保管口座）管理費の残額 積立金

返還債務の保証措置

管理組合 →（収納・支払一任委託）→（支払委託）→ 管理に要する費用

管理業者

管理組合が通帳、印鑑いずれかは保管

136

4 「マンションの管理の適正化に関する指針」全文
―― 平成13年8月1日国土交通省告示第1288号 ――

○国土交通省告示第1288号
　マンションの管理の適正化の推進に関する法律（平成12年法律第149号）第3条に基づき，マンションの管理の適正化に関する指針を定めたので，同条の規定に基づき，公表する。
　　平成13年8月1日
　　　　　　　　　　　　　　　　　　　　　　　　国土交通大臣　　林　　寛子

　我が国におけるマンションは，土地利用の高度化の進展に伴い，職住近接という利便性や住空間の有効活用という機能性に対する積極的な評価，マンションの建設・購入に対する融資制度や税制の整備を背景に，都市部を中心に持家として定着し，重要な居住形態となっている。
　その一方で，一つの建物を多くの人が区分して所有するマンションは，各区分所有者等の共同生活に対する意識の相違，多様な価値観を持った区分所有者間の意思決定の難しさ，利用形態の混在による権利・利用関係の複雑さ，建物構造上の技術的判断の難しさなど，建物を維持管理していく上で，多くの課題を有している。
　特に，今後，建築後相当の年数を経たマンションが，急激に増大していくものと見込まれることから，これらに対して適切な修繕がなされないままに放置されると，老朽化したマンションは，区分所有者らの居住環境の低下のみならず，ひいては周辺の住環境や都市環境の低下など，深刻な問題を引き起こす可能性がある。
　このような状況の中で，我が国における国民生活の安定向上と国民経済の健全な発展に寄与するためには，管理組合によるマンションの適正な管理が行われることが重要である。
　この指針は，このような認識の下に，管理組合によるマンションの管理の適正化を推進するため，必要な事項を定めるものである。

一　マンションの管理の適正化の基本的方向

　マンションは，今や我が国における重要な居住形態となり，その適切な管理は，マンションの区分所有者等だけでなく，社会的にも要請されているところである。
　このようなマンションの重要性にかんがみ，マンションを社会的資産として，この資産

価値をできる限り保全し、かつ、快適な居住環境が確保できるように、以下の点を踏まえつつ、マンションの管理を行うことを基本とするべきである。

1 マンションの管理の主体は、マンションの区分所有者等で構成される管理組合であり、管理組合は、マンションの区分所有者等の意見が十分に反映されるよう、また、長期的な見通しを持って、適正な運営を行うことが重要である。特に、その経理は、健全な会計を確保するよう、十分な配慮がなされる必要がある。また、第三者に管理事務を委託する場合は、その内容を十分に検討して契約を締結する必要がある。

2 管理組合を構成するマンションの区分所有者等は、管理組合の一員としての役割を十分認識して、管理組合の運営に関心を持ち、積極的に参加する等、その役割を適切に果たすよう努める必要がある。

3 マンションの管理は、専門的な知識を必要とすることが多いため、管理組合は、問題に応じ、マンション管理士等専門的知識を有する者の支援を得ながら、主体性をもって適切な対応をするよう心がけることが重要である。

4 マンションの管理の適正化を推進するため、国、地方公共団体及びマンション管理適正化推進センターは、その役割に応じ、必要な情報提供等を行うよう、支援体制を整備・強化することが必要である。

二 マンションの管理の適正化の推進のために管理組合が留意すべき基本的事項

1 管理組合の運営

管理組合の自立的な運営は、マンションの区分所有者等の全員が参加し、その意見を反映することにより成り立つものである。そのため、管理組合の運営は、情報の開示、運営の透明化等、開かれた民主的なものとする必要がある。また、集会は、管理組合の最高意思決定機関である。したがって、管理組合の管理者等は、その意思決定にあたっては、事前に必要な資料を整備し、集会において適切な判断が行われるよう配慮する必要がある。

管理組合の管理者等は、マンション管理の目的が達成できるように、法令等を遵守し、マンションの区分所有者等のため、誠実にその職務を執行する必要がある。

2 管理規約

管理規約は、マンション管理の最高自治規範であることから、その作成にあたっては、管理組合は、建物の区分所有等に関する法律に則り、「中高層共同住宅標準管理規約」を参考として、当該マンションの実態及びマンションの区分所有者等の意向を踏まえ、適切なものを作成し、必要に応じ、その改正を行うことが重要である。さらに、快適な居住環境を目指し、マンションの区分所有者等間のトラブルを未然に防止するために、使用細則等マンションの実態に即した具体的な住まい方のルールを定めておくことが肝要である。

管理規約又は使用細則等に違反する行為があった場合，管理組合の管理者等は，その是正のため，必要な勧告，指示等を行うとともに，法令等に則り，その是正又は排除を求める措置をとることが重要である。

3　共用部分の範囲及び管理費用の明確化

管理組合は，マンションの快適な居住環境を確保するため，あらかじめ，共用部分の範囲及び管理費用を明確にし，トラブルの未然防止を図ることが重要である。

特に，専有部分と共用部分の区分，専用使用部分と共用部分の管理及び駐車場の使用等に関してトラブルが生じることが多いことから，適正な利用と公平な負担が確保されるよう，各部分の範囲及びこれに対するマンションの区分所有者等の負担を明確に定めておくことが望ましい。

4　管理組合の経理

管理組合がその機能を発揮するためには，その経済的基盤が確立されていることが重要である。このため，管理費及び特別修繕費等について必要な費用を徴収するとともに，これらの費目を明確に区分して経理を行い，適正に管理する必要がある。

また，管理組合の管理者等は，必要な帳票類を作成してこれを保管するとともに，マンションの区分所有者等の請求があった時は，これを速やかに開示することにより，経理の透明性を確保する必要がある。

5　長期修繕計画の策定及び見直し等

マンションの快適な居住環境を確保し，資産価値の維持・向上を図るためには，適時適切な維持修繕を行うことが重要である。特に，経年による劣化に対応するため，あらかじめ長期修繕計画を策定し，必要な修繕積立金を積み立てておくことが必要である。

長期修繕計画の策定及び見直しにあたっては，必要に応じ，マンション管理士等専門的知識を有する者の意見を求め，また，あらかじめ建物診断等を行って，その計画を適切なものとするよう配慮する必要がある。

長期修繕計画の実効性を確保するためには，修繕内容，資金計画を適正かつ明確に定め，それらをマンションの区分所有者等に十分周知させることが必要である。

管理組合は，維持修繕を円滑かつ適切に実施するため，設計に関する図書等を保管することが重要である。また，この図書等について，マンションの区分所有者等の求めに応じ，適時閲覧できるように配慮することが望ましい。

なお，建築後相当の年数を経たマンションにおいては，長期修繕計画の検討を行う際には，必要に応じ，建替えについても視野に入れて検討することが望ましい。建替えの検討にあたっては，その過程をマンションの区分所有者等に周知させるなど透明

性に配慮しつつ、各区分所有者等の意向を十分把握し、合意形成を図りながら進めることが必要である。

6　その他配慮すべき事項

マンションが団地を構成する場合には、各棟固有の事情を踏まえながら、全棟の連携をとって、全体としての適切な管理がなされるように配慮することが重要である。

また、複合用途型マンションにあっては、住宅部分と非住宅部分との利害の調整を図り、その管理、費用負担等について適切な配慮をすることが重要である。

三　マンションの管理の適正化の推進のためにマンションの区分所有者等が留意すべき基本的事項等

マンションを購入しようとする者は、マンションの管理の重要性を十分認識し、売買契約だけでなく、管理規約、使用細則、管理委託契約、長期修繕計画等管理に関する事項に十分に留意する必要がある。

また、マンションの区分所有者等は、マンションの居住形態が戸建てのものとは異なり、相隣関係等に配慮を要する住まい方であることを十分に認識し、その上で、マンションの快適かつ適正な利用と資産価値の維持を図るため、管理組合の一員として、進んで、集会その他の管理組合の管理運営に参加するとともに、定められた管理規約、集会の決議等を遵守する必要がある。そのためにも、マンションの区分所有者等は、マンションの管理に関する法律等に関する理解を深める必要がある。

専有部分の賃借人等の占有者は、建物又はその敷地若しくは附属施設の使用方法につき、マンションの区分所有者等が管理規約又は集会の決議に基づいて負う義務と同一の義務を負うことに十分に留意することが重要である。

四　マンションの管理の適正化の推進のための管理委託に関する基本的事項

管理組合は、マンションの管理の主体は管理組合自身であることを認識したうえで、管理事務の全部又は一部を第三者に委託しようとする場合は、その委託内容を十分に検討し、書面をもって管理委託契約を締結することが重要である。

なお、管理委託契約先を選定する場合には、管理組合の管理者等は、事前に必要な資料を収集し、マンションの区分所有者等にその情報を公開するとともに、マンション管理業者の行う説明会を活用し、適正な選定がなされるように努める必要がある。

また、管理委託契約先が選定されたときは、管理組合の管理者等は、当該契約内容を周知するとともに、マンション管理業者の行う管理事務の報告等を活用し、管理事務の適正化が図られるよう努める必要がある。

万一、マンション管理業者の業務に関して問題が生じた場合には、管理組合は、当該マンション管理業者にその解決を求めるとともに、必要に応じ、マンション管理業者の所属

する団体にその解決を求める等の措置を講じることが必要である。

五　マンション管理士制度の普及と活用について

　マンションの管理は，専門的な知識を要する事項が多いため，国，地方公共団体及びマンション管理適正化推進センターは，マンション管理士制度が早期に定着し，広く利用されることとなるよう，その普及のために必要な啓発を行い，マンション管理士に関する情報提供に努める必要がある。

　なお，管理組合の管理者等は，マンションの管理の適正化を図るため，必要に応じ，マンション管理士等専門的知識を有する者の知見の活用を考慮することが重要である。

六　国，地方公共団体及びマンション管理適正化推進センターの支援

　マンションの管理の適正化を推進するためには，「中高層共同住宅標準管理規約」をはじめ必要な情報・資料の提供，技術的支援等が不可欠である。

　このため，国及び地方公共団体は，必要に応じ，マンションの実態の調査及び把握に努め，マンションに関する情報・資料の提供について，その充実を図るとともに，特に，地方公共団体，マンション管理適正化推進センター，マンション管理士等の関係者が相互に連携をとり，管理組合の管理者等の相談に応じられるネットワークの整備が重要である。

　さらに，地方公共団体は，マンション管理士等専門的知識を有する者や経験豊かで地元の実情に精通し，マンションの区分所有者等から信頼される者等の協力を得て，マンションに係る相談体制の充実を図るよう努める必要がある。

　マンション管理適正化推進センターにおいては，関係機関及び関係団体との連携を密にし，管理組合の管理者等に対する積極的な情報・資料の提供を行う等，管理適正化業務を適正かつ確実に実施する必要がある。

5　マンション管理の適正化の推進に関する法律の施行について
――平成13年7月31日付，国土交通省総合政策局長・同不動産業課長通達――

平成13年7月31日
国 総 動 第 50 号

社団法人高層住宅管理業協会会長　殿

国土交通省総合政策局長

マンション管理の適正化の推進に関する法律の施行について

　マンション管理の適正化の推進に関する法律（平成12年法律第149号。以下「法」という。）は，マンションにおける良好な居住環境の確保を図り，もって国民生活の向上と国民経済の健全な発展に寄与することを目的として策定され，平成12年12月8日に公布された。また，マンション管理の適正化の推進に関する法律施行令（平成13年政令第238号）は本年7月4日に，マンション管理の適正化の推進に関する法律施行規則（平成13年国土交通省令第110号）は本年7月19日に公布された。

　これらは，いずれも本年8月1日から施行されることとなるので，下記の点に留意の上，制度の的確かつ円滑な運用に特段の配慮をされるよう，貴団体加盟の業者に対する周知徹底及び指導を行われたい。

　なお，国土交通省告示第1278号により，昭和60年建設省告示第1115号（中高層分譲共同住宅管理業者登録規程）及び昭和62年建設省告示第1035号（中高層分譲共同住宅管理業務処理準則）は廃止することとしたので留意願いたい。

記

1　本法の施行により，平成14年5月1日からは，マンション管理業を営もう

とする者は国土交通大臣の登録を受けなければマンション管理業が営めなくなるが、この登録のためには、事務所ごとに管理業務主任者を置く等所要の準備が必要であるので留意されたい。
2　また、本法の施行の際現にマンション管理業を営んでいる者は平成14年4月30日までは国土交通大臣の登録を受けなくても、引き続きマンション管理業を営むことができるが、重要事項説明、管理委託契約書面の交付義務、修繕積立金等財産の分別管理等の一定の業務規制が課されることとなるので留意されたい。

平成13年7月31日
国総動第51号

社団法人高層住宅管理業協会会長　殿

国土交通省総合政策局不動産業課長

マンションの管理の適正化の推進に関する法律の施行について

　マンションの管理の適正化の推進に関する法律（平成12年法律第149号。以下「法」という。）は平成12年12月8日に、マンションの管理の適正化の推進に関する法律施行令（平成13年政令第238号。以下「令」という。）は本年7月4日に、マンションの管理の適正化の推進に関する法律施行規則（平成13年国土交通省令第110号。以下「規則」という。）は本年7月19日に、それぞれ公布され、いずれも本年8月1日から施行される。
　法、令及び規則の実施に当たっては、平成13年7月31日付け総合政策局長通達を踏まえるとともに、下記の点に留意の上、法の目的であるマンションにおける良好な居住環境の確保を図るとともに国民生活の安定向上と国民経済の健全な発展に寄与するため、制度の的確かつ円滑な運用に特段の配慮をされるよう、貴団体加盟の業者に対する周知徹底及び指導を行われたい。

記

第一　定義について（法第2条関係）

1　管理者等の定義（法第2条第4号）

　(1)　区分所有法第25条第1項の規定により選任された管理者又は区分所有法第49条第1項の規定により置かれた理事であること。

　(2)　マンション管理業者が管理組合から委託を受けて管理受託契約を締結するにあたっては，マンション管理業者が管理組合との関係では，通常，外部の第三者として管理受託契約を締結することを想定しているものであるが，マンション管理業者が管理者等に選任された場合においても本法が適用されることとなる。

　　この場合において，法第2条第7号に規定する「管理組合から委託を受けて」の解釈については，管理者等が行使する共用部分の管理権限は，団体としてなされた意思決定に基づく団体としての委任契約の申込みの意思表示と，これに対する管理者の承諾の意思表示との合致により成立した共用部分の管理についての委託を内容とする契約に基づくものと解されるため，この場合においても「管理組合から委託を受けて」に該当し，当該管理業者についても，重要事項説明等本法の規定は当然に適用となる。

2　管理事務の定義（法第2条第6号）

　　管理事務とは，マンションの管理に関する事務であって，基幹事務（①管理組合の会計の収入及び支出の調定　②出納　③マンション（専有部分を除く。）の維持又は修繕に関する企画又は実施の調整）を含むものであり，この管理事務には，中高層共同住宅標準管理委託契約書（昭和57年住宅宅地審議会答申）第3条一　事務管理業務，二　管理員業務，三　清掃業務，四　設備管理業務が含まれること。

　　また，管理事務には，警備業法（昭和47年法律第117号）第2条第1項に規定する警備業務及び消防法（昭和23年法律第186号）第8条の規定に

より防火管理者が行う業務は含まれないため，これら管理事務以外の事務に係る委託契約については，管理事務に係る管理受託契約と別個の契約にすることが望ましいこと。

3　マンション管理業及びマンション管理業者の定義（法第2条第7号及び第8号）

　　マンション管理業とは，管理組合から委託を受けて，基幹事務（①管理組合の会計の収入及び支出の調定　②出納　③マンション（専有部分を除く。）の維持又は修繕に関する企画又は実施の調整）を含むマンションの管理事務を行う行為で業として行うもの（区分所有者等が行うものを除く）であり，①〜③から構成される基幹事務すべてを業として行うものであること。

　　「業として行う」に該当するか否かについては，営利目的を要さず，また，反復継続的に管理事務を行っているかどうか等の個別の事案を総合勘案して判断すべきであること。なお，反復継続性については，契約を反復継続するものに加え，一つの契約であってもこれに基づく業務の履行の継続性も考慮に入れる必要があることに留意する必要がある。

第二　マンション管理業について（法第3章関係）

1　マンション管理業登録（法第3章第1節）
　(1)　財産的基礎（法第47条，規則第54条及び第55条）
　　　規則第54条第2項は，市場性の認められる資産の再販価格の評価額が基準資産表計上の資産額を上回る旨の証明があったとき（ある不動産について決算時は取引価格で算定していたが，事後的に当該不動産について不動産鑑定による再評価をした場合等）は，その評価額によって資産を計算することが認められるとの趣旨であること。
　　　規則第55条第3項は，上記のようにして算定される基準資産額について，①公認会計士又は監査法人による監査証明を受けた中間決算による場合，又は②増資，贈与，債務免除等があったことが証明された場合で，増減が

あったときは，その増減した額をもって基準資産額とするとの趣旨であること。

(2) 事務所の定義（法第45条第1項第2号，規則第52条）

本法の「事務所」とは，

① 本店又は支店（商人以外の者にあっては，主たる事務所又は従たる事務所）

⑦ ①の他，継続的に業務を行うことができる施設を有する場所で，マンション管理業に係る契約の締結又は履行に関する権限を有する使用人を置くものをいう。

「本店」，「支店」とは，商業登記簿に本店，支店の登記がされたものであること。

また，本店及び支店の商業登記は当然商人のみが行うものであるが，公益法人や協同組合等商人以外の者については「本店」及び「支店」を事務所の基準とすることができないことから，民法等で「主たる事務所・従たる事務所」として取り扱われているものであること。

「継続的に業務を行うことができる施設を有する場所」とは，物理的にも社会通念上事務所と認識される程度の形態を備えているもので，実体上支店に類似するものをいうこと。

「契約の締結又は履行に関する権限を有する使用人」とは，支店における支店長又は支配人に相当するような者であること。

2 管理業務主任者（法第3章第2節）

(1) 事務所ごとに設置する専任の管理業務主任者についての算定（法第56条，規則第61条及び第62条）

イ）法第56条及び規則第62条により，人の居住の用に供する部分が5以下である法第2条第一号イに掲げる建物の区分所有者を構成員に含む管理組合から委託を受けて行う管理事務のみを行う事務所については，専任の管理業務主任者の設置業務を適用除外としているところであるが，規則第61条に規定する「管理組合」についても，人の居住の用に供する部分が5以下である法第2条第一号イに掲げる建物の区分所有

者を構成員に含む管理組合を含まないものとすること。
ロ）いわゆる「団地組合」が形成されており，その内部に複数の別の管理組合が存在している場合で，これらの組合から委託を受けて管理事務を行っている事務所に設置すべき管理業務主任者の算定においては，規則第61条に規定する「管理組合」には，当該「団地組合」のみでなく，複数の別の管理組合も含むものであること。ただし，これらの組合と一の契約をもって管理受託契約を締結している場合にあっては，これらの組合をまとめて1つの組合として算定しても差し支えないものとする。

3　マンション管理業務（法第3章）
(1)　重要事項説明（法第72条，規則第82条及び第83条）
　　イ）法の施行日前に専有部分につき売買契約が締結された新築マンションで，当該マンションの区分所有者等全員から書面で当該マンションの管理受託契約の締結に係る同意が得られた場合にあっては，法第72条第1項の規定は適用しないものとすること。
　　ロ）マンション管理業者が管理者等に選任された場合においても法第72条の規定は適用され，管理業者若しくはその代表者等（以下「管理業者等」という。）以外の管理者等が存在する場合については，当該管理者等に対しても重要事項の説明を行う必要があること。
　　ハ）法第72条第2項に規定する「同一の条件」とは，マンションの管理業者の商号又は名称，登録年月日及び登録番号の変更等管理組合に不利益をもたらさない契約内容の変更を含むものであること。
(2)　再委託の制限（法第74条）
　　法第74条は，法第2条第6号に規定する基幹事務を全て一括で再委託することの禁止を規定したものであるが，基幹事務の全てを複数の者に分割して委託する場合についても再委託を禁止するものであること。
(3)　財産の分別管理（法第76条，規則第87条）
　　イ）法第87条第2項は，財産の分別管理の方法として「管理組合又はその管理者等を名義人とする口座において預貯金として管理する方法」

と規定しているが，管理組合が法人化されておらず管理組合に管理者等が置かれていない場合においては，管理者等が選任されるまでの比較的短い期間に限って，「○○マンション管理組合管理代行○○管理会社名義」としても差し支えないものとすること。

　　なお，この後管理組合理事長が選任されたときには速やかに当該理事長名義とするべきものであること。

ロ）マンション管理業者が管理者等に選任された場合においても法第76条の規定は適用され，規則第87条第2項においては管理組合又はその管理者等を名義人とすることとされているが，管理組合が法人化されていない場合は管理業者名義としても差し支えないものとすること。

　　ただし，本法の趣旨にかんがみれば，管理業者等が管理組合の管理者であり，管理組合が法人化している場合は管理組合名義，法人化されておらず管理業者以外の者も管理者に選任されている場合は当該者の名義とすることが望ましいこと。

(4) 管理事務の報告（法第77条，規則第88条）

　　マンション管理業者が管理者等に専任された場合においても法第77条の規定は適用され，管理業者以外の管理者等が存在するときは，当該者に対して管理事務の報告をすることが望ましいこと。

(5) 証明書の携帯等（法第88条，規則第93条）

　　法第88条に規定する「使用人その他の従業者」には，マンション管理業者が管理事務を委託した別の管理業者における当該管理事務の従業者も含むものとすることが望ましいこと。

第三　その他（法雑則関係等）

(1) 設計図書の交付（法第103条，規則第101条）

　　法第103条に規定する「分譲した」とは，新築工事が完了した後において区分所有権の目的である部分を最初に分譲したときであること。

(2) 管理組合の自立的な運営は，マンションの区分所有者等の全員が参加し，その意見を反映することにより成り立つものであるため，情報の開

示，運営の透明化等開かれた民主的なものとする必要がある。また，管理組合を構成するマンションの区分所有者等は，管理組合の一員としてその役割を十分認識して管理組合の運営に関心を持ち，積極的に参加する等，その役割を適切に果たすよう努める必要がある。

　このことから，宅地建物取引業者は，自ら売主となってマンションを分譲する場合において，マンションの管理が円滑に管理組合に引き継がれるよう，必要な情報提供等に努めるものとすること。

6　中高層共同住宅標準管理規約（単棟型）
──旧建設省　平成9年2月──

○○マンション管理規約

第1章　総　　則

(目的)
第1条　この規約は，○○マンションの管理又は使用に関する事項等について定めることにより，区分所有者の共同の利益を増進し，良好な住環境を確保することを目的とする。

(定義)
第2条　この規約において，次に掲げる用語の意義は，それぞれ当該各号に定めるところによる。
　一　区分所有権　建物の区分所有等に関する法律（以下「区分所有法」という。）第2条第1項の区分所有権をいう。
　二　区分所有者　区分所有法第2条第2項の区分所有者をいう。
　三　占有者　区分所有法第6条第3項の占有者をいう。
　四　専有部分　区分所有法第2条第3項の専有部分をいう。
　五　共用部分　区分所有法第2条第4項の共用部分をいう。
　六　敷地　区分所有法第2条第5項の建物の敷地をいう。
　七　共用部分等　共用部分及び附属施設をいう。
　八　専用使用権　敷地及び共用部分等の一部について，特定の区分所有者が排他的に使用できる権利をいう。
　九　専用使用部分　専用使用権の対象となっている敷地及び共用部分等の部分をいう。

(規約の遵守義務)
第3条　区分所有者は，円滑な共同生活を維持するため，この規約及び使用細則を誠実に遵守しなければならない。
2　区分所有者は，同居する者に対してこの規約及び使用細則に定める事項を遵守させなければならない。

(対象物件の範囲)
第4条　この規約の対象となる物件の範囲は，別表第1に記載された敷地，建物及び附属施設（以下「対象物件」という。）とする。

(規約の効力)
第5条　この規約は，区分所有者の包括承継人及び特定承継人に対しても，その効力を有する。

2　占有者は、対象物件の使用方法につき、区分所有者がこの規約に基づいて負う義務と同一の義務を負う。
（管理組合）
第6条　区分所有者は、第1条に定める目的を達成するため、区分所有者全員をもって○○マンション管理組合（以下「管理組合」という。）を構成する。
2　管理組合は、事務所を○○内に置く。
3　管理組合の業務、組織等については、第6章に定めるところによる。

第2章　専有部分等の範囲

（専有部分の範囲）
第7条　対象物件のうち区分所有権の対象となる専有部分は、住戸番号を付した住戸とする。
2　前項の専有部分を他から区分する構造物の帰属については、次のとおりとする。
　一　天井、床及び壁は、躯体部分を除く部分を専有部分とする。
　二　玄関扉は、錠及び内部塗装部分を専有部分とする。
　三　窓枠及び窓ガラスは、専有部分に含まれないものとする。
3　第1項又は前項の専有部分の専用に供される設備のうち共用部分内にある部分以外のものは、専有部分とする。
（共用部分の範囲）
第8条　対象物件のうち共用部分の範囲は、別表第2に掲げるとおりとする。

第3章　敷地及び共用部分等の共有

（共有）
第9条　対象物件のうち敷地及び共用部分等は、区分所有者の共有とする。
（共有持分）
第10条　各区分所有者の共有持分は、別表第3に掲げるとおりとする。
第11条　区分所有者は、敷地又は共用部分等の分割を請求することはできない。
2　区分所有者は、専有部分と敷地及び共用部分等の共有持分とを分離して譲渡、抵当権の設定等の処分をしてはならない。

第4章　用　　法

（専有部分の用途）
第12条　区分所有者は、その専有部分を専ら住宅として使用するものとし、他の用途に供してはならない。
（敷地及び共用部分等の用法）
第13条　区分所有者は、敷地及び共用部分等をそれぞれの通常の用法に従って使用しなければ

ならない。
（バルコニー等の専用使用権）
第14条　区分所有者は，別表第4に掲げるバルコニー，玄関扉，窓枠，窓ガラス，一階に面する庭及び屋上テラス（以下この条，第21条第1項及び別表第4において「バルコニー等」という。）について，同表に掲げるとおり，専用使用権を有することを承認する。
2　一階に面する庭について専用使用権を有している者は，別に定めるところにより，管理組合に専用使用料を納入しなければならない。
3　区分所有者から専有部分の貸与を受けた者は，その区分所有者が専用使用権を有しているバルコニー等を使用することができる。
（駐車場の使用）
第15条　管理組合は，別添の図に示す駐車場について，特定の区分所有者に駐車場使用契約により使用させることができる。
2　前項により駐車場を使用している者は，別に定めるところにより，管理組合に駐車場使用料を納入しなければならない。
3　区分所有者がその所有する専有部分を，他の区分所有者又は第三者に譲渡又は貸与したときは，その区分所有者の駐車場使用契約は効力を失う。
（敷地及び共用部分等の第三者の使用）
第16条　管理組合は，次に掲げる敷地及び共用部分等の一部を，それぞれ当該各号に掲げる者に使用させることができる。
　一　管理事務室，管理用倉庫，機械室その他対象物件の管理の執行上必要な施設　管理業務を受託し，又は請け負った者
　二　電気室　○○電力株式会社
　三　ガスガバナー　○○ガス株式会社
2　前項に掲げるもののほか，管理組合は，総会の決議を経て，敷地及び共用部分等（駐車場及び専用使用部分を除く。）の一部について，第三者に使用させることができる。
（専有部分の修繕等）
第17条　区分所有者は，その専有部分について，修繕，模様替え又は建物に定着する物件の取付け若しくは取替え（以下「修繕等」という。）を行おうとするときは，あらかじめ，理事長（第33条に定める理事長をいう。以下同じ。）にその旨を申請し，書面による承認を受けなければならない。
2　前項の場合において，区分所有者は，設計図，仕様書及び工程表を添付した申請書を理事長に提出しなければならない。
3　理事長は，第1項の規定による申請について，承認しようとするとき，又は不承認としようとするときは，理事会（第49条に定める理事会をいう。以下同じ。）の決議を経なければならない。
4　第1項の承認があったときは，区分所有者は，承認の範囲内において，専有部分の修繕等に係る共用部分の工事を行うことができる。
5　理事長又はその指定を受けた者は，本条の施行に必要な範囲内において，修繕等の箇所に

立ち入り，必要な調査を行うことができる。この場合において，区分所有者は，正当な理由がなければこれを拒否してはならない。

(使用細則)
第18条　対象物件の使用については，別に使用細則を定めるものとする。

(専有部分の貸与)
第19条　区分所有者は，その専有部分を第三者に貸与する場合には，この規約及び使用細則に定める事項をその第三者に遵守させなければならない。
2　前項の場合において，区分所有者は，その貸与に係る契約にこの規約及び使用細則に定める事項を遵守する旨の条項を定めるとともに，契約の相手方にこの規約及び使用細則に定める事項を遵守する旨の誓約書を管理組合に提出させなければならない。

第5章　管　理

第1節　総　則

(区分所有者の責務)
第20条　区分所有者は，対象物件について，その価値及び機能の維持増進を図るため，常に適正な管理を行うよう努めなければならない。

(敷地及び共用部分等の管理)
第21条　敷地及び共用部分等の管理については，管理組合がその責任と負担においてこれを行うものとする。ただし，バルコニー等の管理のうち，通常の使用に伴うものについては，専用使用権を有する者がその責任と負担においてこれを行わなければならない。
2　専有部分である設備のうち共用部分と構造上一体となった部分の管理を共用部分の管理と一体として行う必要があるときは，管理組合がこれを行うことができる。

(必要箇所への立入り)
第22条　前条により管理を行う者は，管理を行うために必要な範囲内において，他の者が管理する専有部分又は専用使用部分への立入りを請求することができる。
2　前項により立入りを請求された者は，正当な理由がなければこれを拒否してはならない。
3　前項の場合において，正当な理由なく立入りを拒否した者は，その結果生じた損害を賠償しなければならない。
4　立入りをした者は，速やかに立入りをした箇所を原状に復さなければならない。

(損害保険)
第23条　区分所有者は，共用部分等に関し，管理組合が火災保険その他の損害保険の契約を締結することを承認する。
2　理事長は，前項の契約に基づく保険金額の請求及び受領を行う。

第2節　費用の負担

(管理費等)
第24条　区分所有者は，敷地及び共用部分等の管理に要する経費に充てるため，次の費用(以

下「管理費等」という。）を管理組合に納入しなければならない。
　一　管理費
　二　特別修繕費
2　管理費等の額については，各区分所有者の共用部分の共有持分に応じて算出するものとする。
（承継人に対する債権の行使）
第25条　管理組合が管理費等について有する債権は，区分所有者の包括承継人及び特定承継人に対しても行うことができる。
（管理費）
第26条　管理費は，次の各号に掲げる通常の管理に要する経費に充当する。
　一　管理人人件費
　二　公租公課
　三　共用設備の保守維持費及び運転費
　四　備品費，通信費その他の事務費
　五　共用部分等に係る火災保険料その他の損害保険料
　六　経常的な補修費
　七　清掃費，消毒費及びごみ処理費
　八　管理委託費
　九　管理組合の運営に要する費用
　十　その他敷地及び共用部分等の通常の管理に要する費用
（修繕積立金）
第27条　管理組合は，特別修繕費を修繕積立金として積み立てるものとする。
2　修繕積立金は，次の各号に掲げる特別の管理に要する経費に充当する場合に限って取り崩すことができる。
　一　一定年数の経過ごとに計画的に行う修繕
　二　不測の事故その他特別の事由により必要となる修繕
　三　敷地及び共用部分等の変更
　四　その他敷地及び共用部分等の管理に関し，区分所有者全体の利益のために特別に必要となる管理
3　管理組合は，前項各号の経費に充てるため借入れをしたときは，特別修繕費をもってその償還に充てることができる。
4　特別修繕費及び修繕積立金については，管理費とは区分して経理しなければならない。
（使用料）
第28条　駐車場使用料その他の敷地及び共用部分等に係る使用料（以下「使用料」という。）は，それらの管理に要する費用に充てるほか，修繕積立金として積み立てる。

第6章 管理組合

第1節 組合員

（組合員の資格）
第29条 組合員の資格は，区分所有者となったときに取得し，区分所有者でなくなったときに喪失する。

（届出義務）
第30条 新たに組合員の資格を取得し又は喪失した者は，直ちにその旨を書面により管理組合に届け出なければならない。

第2節 管理組合の業務

（業務）
第31条 管理組合は，次の各号に掲げる業務を行う。
一 管理組合が管理する敷地及び共用部分等（以下本条及び第46条において「組合管理部分」という。）の保安，保全，保守，清掃，消毒及びごみ処理
二 組合管理部分の修繕
三 長期修繕計画の作成又は変更に関する業務
四 共用部分等に係る火災保険その他の損害保険に関する業務
五 区分所有者が管理する専用使用部分について管理組合が行うことが適当であると認められる管理行為
六 敷地及び共用部分等の変更及び運営
七 修繕積立金の運用
八 官公署，町内会等との渉外業務
九 風紀，秩序及び安全の維持に関する業務
十 防火に関する業務
十一 広報及び連絡業務
十二 その他組合員の共同の利益を増進し，良好な住環境を確保するために必要な業務

（業務の委託等）
第32条 管理組合は，前条に定める業務の全部又は一部を，第三者に委託し，又は請け負わせて執行することができる。

第3節 役員

（役員）
第33条 管理組合に次の役員を置く。
一 理事長
二 副理事長　○名
三 会計担当理事　○名
四 理事（理事長，副理事長，会計担当理事を含む。以下同じ。）　○名

五　監事　　○名
2　理事及び監事は，○○マンションに現に居住する組合員のうちから，総会で選任する。
3　理事長，副理事長及び会計担当理事は，理事の互選により選任する。
(役員の任期)
第34条　役員の任期は○年とする。ただし，再任を妨げない。
2　補欠の役員の任期は，前任者の残任期間とする。
3　任期の満了又は辞任によって退任する役員は，後任の役員が就任するまでの間引き続きその職務を行う。
4　役員が組合員でなくなった場合には，その役員はその地位を失う。
(役員の誠実義務等)
第35条　役員は，法令，規約及び使用細則並びに総会及び理事会の決議に従い，組合員のため，誠実にその職務を遂行するものとする。
2　役員は，別に定めるところにより，役員としての活動に応ずる必要経費の支払と報酬を受けることができる。
(理事長)
第36条　理事長は，管理組合を代表し，その業務を統括するほか，次の各号に掲げる業務を遂行する。
　一　規約，使用細則又は総会若しくは理事会の決議により，理事長の職務として定められた事項
　二　理事会の承認を得て，職員を採用し，又は解雇すること。
2　理事長は，区分所有法に定める管理者とする。
3　理事長は，通常総会において，組合員に対し，前会計年度における管理組合の業務の執行に関する報告をしなければならない。
4　理事長は，理事会の承認を受けて，他の理事に，その職務の一部を委任することができる。
(副理事長)
第37条　副理事長は，理事長を補佐し，理事長に事故があるときは，その職務を代理し，理事長が欠けたときは，その職務を行う。
(理事)
第38条　理事は，理事会を構成し，理事会の定めるところに従い，管理組合の業務を担当する。
2　会計担当理事は，管理費等の収納，保管，運用，支出等の会計業務を行う。
(監事)
第39条　監事は，管理組合の業務の執行及び財産の状況を監査し，その結果を総会に報告しなければならない。
2　監事は，管理組合の業務の執行及び財産の状況について不正があると認めるときは，臨時総会を招集することができる。
3　監事は，理事会に出席して意見を述べることができる。

第4節　総　会

（総会）
第40条　管理組合の総会は，総組合員で組織する。
2　総会は，通常総会及び臨時総会とし，区分所有法に定める集会とする。
3　理事長は，通常総会を，毎年1回新会計年度開始以後2ケ月以内に招集しなければならない。
4　理事長は，必要と認める場合には，理事会の決議を経て，いつでも臨時総会を招集することができる。
5　総会の議長は，理事長が務める。

（招集手続）
第41条　総会を招集するには，少なくとも会議を開く日の2週間前までに，会議の日時，場所及び目的を示して，組合員に通知を発しなければならない。
2　前項の通知は，管理組合に対し組合員が届出をしたあて先に発するものとする。ただし，その届出のない組合員に対しては，対象物件内の専有部分の所在地あてに発するものとする。
3　第1項の通知は，対象物件内に居住する組合員及び前項の届出のない組合員に対しては，その内容を所定の掲示場所に掲示することをもって，これに代えることができる。
4　第1項の通知をする場合において，会議の目的が第45条第3項第一号，第二号若しくは第四号に掲げる事項の決議又は同条第4項の建替え決議であるときは，その議案の要領をも通知しなければならない。
5　第43条第2項の場合には，第1項の通知を発した後遅滞なく，その通知の内容を，所定の掲示場所に掲示しなければならない。
6　第1項にかかわらず，緊急を要する場合には，理事長は，理事会の承認を得て，5日間を下回らない範囲において，第1項の期間を短縮することができる。

（組合員の総会招集権）
第42条　組合員が組合員総数の5分の1以上及び第44条第1項に定める議決権総数の5分の1以上に当たる組合員の同意を得て，会議の目的を示して総会の招集を請求した場合には，理事長は，2週間以内にその請求があった日から4週間以内の日を会日とする臨時総会の招集の通知を発しなければならない。
2　理事長が前項の通知を発しない場合には，前項の請求をした組合員は，臨時総会を招集することができる。
3　前2項により招集された臨時総会においては，第40条第5項にかかわらず，議長は，総会に出席した組合員（書面又は代理人によって議決権を行使する者を含む。）の議決権の過半数をもって，組合員の中から選任する。

（出席資格）
第43条　組合員のほか，理事会が必要と認めた者は，総会に出席することができる。
2　区分所有者の承諾を得て専有部分を占有する者は，会議の目的につき利害関係を有する場合には，総会に出席して意見を述べることができる。この場合において，総会に出席して意見を述べようとする者は，あらかじめ理事長にその旨を通知しなければならない。

(議決権)
第44条　各組合員の議決権の割合は，別表第5に掲げるとおりとする。
2　住戸1戸につき2以上の組合員が存在する場合のこれらの者の議決権の行使については，あわせて一の組合員とみなす。
3　前項により一の組合員とみなされる者は，議決権を行使する者1名を選任し，その者の氏名をあらかじめ総会開会までに理事長に届け出なければならない。
4　組合員は，書面又は代理人によって議決権を行使することができる。
5　組合員が代理人により議決権を行使しようとする場合において，その代理人は，その組合員と同居する者，他の組合員若しくはその組合員と同居する者又はその組合員の住戸を借り受けた者でなければならない。
6　代理人は，代理権を証する書面を理事長に提出しなければならない。

(総会の会議及び議事)
第45条　総会の会議は，前条第1項に定める議決権総数の半数以上を有する組合員が出席しなければならない。
2　総会の議事は，出席組合員の議決権の過半数で決し，可否同数の場合には，議長の決するところによる。
3　次の各号に掲げる事項に関する総会の議事は，前項にかかわらず，組合員総数の4分の3以上及び議決権総数の4分の3以上で決する。
　一　規約の変更
　二　敷地及び共用部分等の変更（改良を目的とし，かつ，著しく多額の費用を要しないものを除く。）
　三　区分所有法第58条第1項，第59条第1項又は第60条第1項の訴えの提起
　四　建物の価格の2分の1を超える部分が滅失した場合の滅失した共用部分の復旧
　五　その他総会において本項の方法により決議することとした事項
4　区分所有法第62条第1項の建替え決議は，第2項にかかわらず，組合員総数の5分の4以上及び議決権総数の5分の4以上で行う。
5　前4項の場合において，書面又は代理人によって議決権を行使する者は，出席組合員とみなす。
6　第3項第一号において，規約の変更が一部の組合員の権利に特別の影響を及ぼすべきときは，その承諾を得なければならない。この場合において，その組合員は正当な理由がなければこれを拒否してはならない。
7　第3項第二号において，敷地及び共用部分等の変更が，専有部分又は専用使用部分の使用に特別の影響を及ぼすときは，その専有部分を所有する組合員又はその専用使用部分の専用使用を認められている組合員の承諾を得なければならない。この場合において，その組合員は正当な理由がなければこれを拒否してはならない。
8　第3項第三号に掲げる事項の決議を行うには，あらかじめ当該組合員又は占有者に対し，弁明する機会を与えなければならない。
9　総会においては，第41条第1項によりあらかじめ通知した事項についてのみ，決議するこ

とができる。
（議決事項）
第46条　次の各号に掲げる事項については，総会の決議を経なければならない。
　一　収支決算及び事業報告
　二　収支予算及び事業計画
　三　管理費等及び使用料の額並びに賦課徴収方法
　四　規約の変更及び使用細則の制定又は変更
　五　長期修繕計画の作成又は変更
　六　第27条第2項に定める特別の管理の実施並びにそれに充てるための資金の借入れ及び修繕積立金の取崩し
　七　第21条第2項に定める管理の実施
　八　区分所有法第57条第2項及び前条第3項第三号の訴えの提起並びにこれらの訴えを提起すべき者の選任
　九　建物の一部が滅失した場合の滅失した共用部分の復旧
　十　区分所有法第62条第1項の場合の建替え
　十一　役員の選任及び解任並びに役員活動費の額及び支払方法
　十二　組合管理部分に関する管理業務委託契約の締結
　十三　その他管理組合の業務に関する重要事項

（総会の決議に代わる書面による合意）
第47条　規約により総会において決議すべきものとされた事項について，組合員全員の書面による合意があるときは，総会の決議があったものとみなす。

（議事録の作成，保管等）
第48条　総会の議事については，議長は，議事録を作成しなければならない。
2　議事録には，議事の経過の要領及びその結果を記載し，議長及び議長の指名する2名の総会に出席した理事がこれに署名押印しなければならない。
3　理事長は，議事録及び前条の書面を保管し，組合員又は利害関係人の書面による請求があったときは，これらを閲覧させなければならない。この場合において，閲覧につき，相当の日時，場所等を指定することができる。
4　理事長は，所定の掲示場所に，議事録及び前条の書面の保管場所を掲示しなければならない。

第5節　理事会

（理事会）
第49条　理事会は，理事をもって構成する。
2　理事会の議長は，理事長が務める。
（招集）
第50条　理事会は，理事長が招集する。
2　理事が○分の1以上の理事の同意を得て理事会の招集を請求した場合には，理事長は速や

かに理事会を招集しなければならない。
3　理事会の招集手続については，第41条（第4項及び第5項を除く。）の規定を準用する。ただし，理事会において別段の定めをすることができる。

（理事会の会議及び議事）
第51条　理事会の会議は，理事の半数以上が出席しなければ開くことができず，その議事は出席理事の過半数で決する。
2　議事録については，第48条（第4項を除く。）の規定を準用する。

（議決事項）
第52条　理事会は，この規約に別に定めるもののほか，次の各号に掲げる事項を決議する。
　一　収支決算案，事業報告案，収支予算案及び事業計画案
　二　規約の変更及び使用細則の制定又は変更に関する案
　三　長期修繕計画の作成又は変更に関する案
　四　その他の総会提出議案
　五　第17条に定める承認又は不承認
　六　第63条に定める勧告又は指示等
　七　総会から付託された事項

第7章　会　　計

（会計年度）
第53条　管理組合の会計年度は，毎年○月○日から翌年○月○日までとする。

（管理組合の収入及び支出）
第54条　管理組合の会計における収入は，第24条に定める管理費等及び第28条に定める使用料によるものとし，その支出は第26条から第28条に定めるところにより諸費用に充当する。

（収支予算の作成及び変更）
第55条　理事長は，毎会計年度の収支予算案を通常総会に提出し，その承認を得なければならない。
2　収支予算を変更しようとするときは，理事長は，その案を臨時総会に提出し，その承認を得なければならない。

（会計報告）
第56条　理事長は，毎会計年度の収支決算案を監事の会計監査を経て，通常総会に報告し，その承認を得なければならない。

（管理費等の徴収）
第57条　管理組合は，第24条に定める管理費等及び第28条に定める使用料について，組合員が各自開設する預金口座から自動振替の方法により第59条に定める口座に受け入れることとし，当月分は前月の○日までに一括して徴収する。ただし，臨時に要する費用として特別に徴収する場合には，別に定めるところによる。
2　組合員が前項の期日までに納付すべき金額を納付しない場合には，管理組合は，その未払

金額について年利〇％の遅延損害金を加算して，その組合員に対して請求する。
3　前項の遅延損害金は，第26条に定める費用に充当する。
4　組合員は，納付した管理費等及び使用料について，その返還請求又は分割請求をすることができない。
（管理費等の過不足）
第58条　収支決算の結果，管理費に余剰を生じた場合には，その余剰は翌年度における管理費に充当する。
2　管理費等に不足を生じた場合には，管理組合は組合員に対して第24条第2項に定める管理費等の負担割合により，その都度必要な金額の負担を求めることができる。
（預金口座の開設）
第59条　管理組合は，会計業務を遂行するため，管理組合の預金口座を開設するものとする。
（借入れ）
第60条　管理組合は，第27条第2項に定める業務を行うため必要な範囲内において，借入れをすることができる。
（帳票類の作成，保管）
第61条　理事長は，会計帳簿，什器備品台帳，組合員名簿及びその他の帳票類を作成して保管し，組合員又は利害関係人の理由を付した書面による請求があったときは，これらを閲覧させなければならない。この場合において，閲覧につき，相当の日時，場所等を指定することができる。

第8章　雑　　則

（義務違反者に対する措置）
第62条　区分所有者又は占有者が建物の保存に有害な行為その他建物の管理又は使用に関し区分所有者の共同の利益に反する行為をした場合又はその行為をするおそれがある場合には，区分所有法第57条から第60条までの規定に基づき必要な措置をとることができる。
（理事長の勧告及び指示等）
第63条　区分所有者若しくはその同居人又は専有部分の貸与を受けた者若しくはその同居人（以下「区分所有者等」という。）が，法令，規約又は使用細則に違反したとき，又は対象物件内における共同生活の秩序を乱す行為を行ったときは，理事長は，理事会の決議を経てその区分所有者等に対し，その是正等のため必要な勧告又は指示若しくは警告を行うことができる。
2　区分所有者は，その同居人又はその所有する専有部分の貸与を受けた者若しくはその同居人が前項の行為を行った場合には，その是正等のため必要な措置を講じなければならない。
3　区分所有者がこの規約若しくは使用細則に違反したとき，又は区分所有者若しくは区分所有者以外の第三者が敷地及び共用部分等において不法行為を行ったときは，理事長は，理事会の決議を経て，その差止め，排除若しくは原状回復のための必要な措置又は費用償還若しくは損害賠償の請求を行うことができる。

(合意管轄裁判所)
第64条　この規約に関する管理組合と組合員間の訴訟については，対象物件所在地を管轄する○○地方（簡易）裁判所をもって，第一審管轄裁判所とする。
2　第46条第八号に関する訴訟についても，前項と同様とする。
(市及び近隣住民との協定の遵守)
第65条　区分所有者は，管理組合が○○市又は近隣住民と締結した協定について，これを誠実に遵守しなければならない。
(規約外事項)
第66条　規約及び使用細則に定めのない事項については，区分所有法その他の法令の定めるところによる。
2　規約，使用細則又は法令のいずれにも定めのない事項については，総会の決議により定める。
(規約原本)
第67条　この規約を証するため，区分所有者全員が記名押印した規約を1通作成し，これを規約原本とする。
2　規約原本は，理事長が保管し，区分所有者又は利害関係人の書面による請求があったときは，これを閲覧させなければならない。この場合において，閲覧につき，相当の日時，場所等を指定することができる。
3　理事長は，所定の掲示場所に，規約原本の保管場所を掲示しなければならない。

附　則

(規約の発効)
第1条　この規約は，平成○年○月○日から効力を発する。
(管理組合の成立)
第2条　管理組合は，平成○年○月○日に成立したものとする。
(初代役員)
第3条　第33条にかかわらず理事○名，監事○名とし，理事長，副理事長，会計担当理事，理事及び監事の氏名は別紙○のとおりとする。
2　前項の役員の任期は，第34条第1項にかかわらず平成○年○月○日までとする。
(管理費等)
第4条　各区分所有者の負担する管理費等は，総会においてその額が決定されるまでは，第24条第2項に規定する方法により算出された別紙○の額とする。
(経過措置)
第5条　この規約の効力が発生する日以前に，区分所有者が○○会社との間で締結した駐車場使用契約は，この規約の効力が発生する日において管理組合と締結したものとみなす。

別表第1　対象物件の表示

物件名	
敷地	所在地
	面積
	権利関係
建物	構造等　　　　　造　地上　階　地下　階　塔屋 　　　　　　　　　階建共同住宅 　　　　　　　　床面積　　　m² 建築面積　　　m²
	専有部分　　　　延床面積　　　m²
付属施設	駐車場施設，自転車置場，ごみ集積所，外灯設備，植樹等建物に附属する施設

別表第2　共用部分の範囲

1　玄関ホール，廊下，階段，エレベーターホール，エレベーター室，電気室，内外壁，界壁，床スラブ，基礎部分，バルコニー，ベランダ，屋上テラス等専有部分に属さない「建物の部分」
2　エレベーター設備，電気設備，給排水衛生設備，ガス配管設備，避雷設備，塔屋，集合郵便受箱，配線配管等専有部分に属さない「建物の附属物」
3　管理人室，管理用倉庫，集会室及びそれらの附属物

別表第3　敷地及び共用部分等の共有持分割合

持分割合 住戸番号	敷　　地 及び 附属施設	共用部分
○○号室	○○○分の○○	○○○分の○○
○○号室	○○○分の○○	○○○分の○○
○○号室	○○○分の○○	○○○分の○○
○○号室	○○○分の○○	○○○分の○○
○○号室	○○○分の○○	○○○分の○○
・	・	・
・	・	・
・	・	・
・	・	・
・	・	・
・	・	・
・	・	・
合　　計	○○○分の○○○	○○○分の○○○

別表第4　バルコニー等の専用使用権

区　分 \ 専用使用部分	バルコニー	玄関扉 窓　枠 窓ガラス	1階に面する庭	屋上テラス
1　位　置	各住戸に接するバルコニー	各住戸に附属する玄関扉, 窓枠, 窓ガラス	別添図のとおり	別添図のとおり
2　専用使用権者	当該専有部分の区分所有者	同　左	○○号室住戸の区分所有者	○○号室住戸の区分所有者

別表第5　議決権割合

住戸番号	議決権割合	住戸番号	議決権割合
○○号室	○○○分の○○	○○号室	○○○分の○○
○○号室	○○○分の○○	○○号室	○○○分の○○
○○号室	○○○分の○○	○○号室	○○○分の○○
○○号室	○○○分の○○	○○号室	○○○分の○○
○○号室	○○○分の○○	○○号室	○○○分の○○
・	・	・	・
・	・	・	・
・	・	・	・
・	・	・	・
・	・	・	・
・	・	・	・
・	・	合　計	○○○分の○○○○

7 中高層共同住宅標準管理規約（単棟型）コメント

全般関係
① この標準規約が対象としているのは，一般分譲の住居専用の単棟型マンションで，各住戸の床面積等が，均質のものもバリエーションのあるものも含めている。
　いわゆる等価交換により特定の者が多数の住戸を区分所有する場合，一部共用部分が存する場合，管理組合を法人とする場合等は別途考慮するものとする。
　なお，店舗併用等の複合用途型マンション及び数棟のマンションが所在する団地型マンションについては，それぞれについて標準規約を示しているので，それらを参考とするものとする。
② 駐車場の扱い等，この標準規約に示している事項の取扱いに関しては，マンションの所在地の状況等の個別の事情を考慮して，合理的な範囲内において，その内容に多少の変化をもたせることも差し支えない。
　なお，別に定められる公正証書による規約と一覧性をもたせることが望ましい。
③ この規約は，新規分譲が行われる場合に使用するために作成したものであるが，既存のマンションで既にある管理規約については，特に長期修繕計画の作成等必要な部分について，この規約の規定を参考にして，なるべく早い時期に修正されることが望ましい。
　この場合においては，地域，居住時期，分譲時期等によって，そのマンション固有の事情があるので慎重を期する必要がある。

第5条関係
　包括承継は相続，特定承継は売買及び交換等の場合をいう。賃借人は，占有者に当たる。

第6条関係
　管理組合は，マンションの管理又は使用をより円滑に実施し，もって区分所有者の共同の利益の増進と良好な住環境の確保を図るため構成するものであり，区分所有者全員が加入するものである。区分所有法によれば，区分所有者の数が30名以上の管理組合は法人となることができるが，この規約では管理組合を法人とはしていない。したがって，ここにいう管理組合は権利能力なき社団である。

第7条関係
① 専有部分として倉庫又は車庫を設けるときは，「倉庫番号を付した倉庫」又は「車庫番号を付した車庫」を加える。また，すべての住戸に倉庫又は車庫が附属しているのではない場合は，管理組合と特定の者との使用契約により使用させることとする。
② 利用制限を附すべき部分及び複数の住戸によって利用される部分を共用部分とし，その他の部分を専有部分とした。この区分は必ずしも費用の負担関係と連動するものではない。
　利用制限の具体的内容は，建物の部位によって異なるが，外観を構成する部分については

加工等外観を変更する行為を禁止し、主要構造部については構造的変更を禁止する趣旨である。
③ 第1項は、区分所有権の対象となる専有部分を住戸部分に限定したが、この境界について疑義を生じることが多いので第2項で限界を明らかにしたものである。
④ 雨戸又は網戸がある場合は、第2項第三号に追加する。
(第3項関係)
⑤ 「専有部分の専用に供される」か否かは、設備機能に着目して決定する。

第10条関係
① 共有持分の割合については、専有部分の床面積の割合によることとする。ただし、敷地については、公正証書によりその割合が定まっている場合、それに合わせる必要がある。
　登記簿に記載されている面積は、内のり計算によるが、共有持分の割合の基準となる面積は、壁心計算（界壁の中心線で囲まれた部分の面積を算出する方法をいう。）によるものとする。
② 敷地及び附属施設の共有持分は、規約で定まるものではなく、分譲契約等によって定まるものであるが、本条に確認的に規定したものである。なお、共用部分の共有持分は規約で定まるものである。

第11条関係
① 住戸を他の区分所有者又は第三者に貸与することは本条の禁止に当たらない。
② 倉庫又は車庫も専有部分となっているときは、倉庫（車庫）のみを他の区分所有者に譲渡する場合を除き、住戸と倉庫（車庫）とを分離し、又は専有部分と敷地及び共用部分等の共有持分とを分離して譲渡、抵当権の設定等の処分をしてはならない旨を規定する。

第12条関係
　住宅としての使用は、専ら居住者の生活の本拠があるか否かによって判断する。したがって利用方法は、生活の本拠であるために必要な平穏さを有することを要する。

第13条関係
　「通常の用法」の具体的内容は、使用細則で定めることとする。
　例えば、「自転車は、一階の○○に置きます。それ以外の場所に置いてはいけません。」

第14条関係
① バルコニー等については、専有部分と一体として取り扱うのが妥当であるため、専用使用権について定めたものである。
② 工作物設置の禁止、外観変更の禁止等は使用細則で物件ごとに言及するものとする。
③ バルコニー及び屋上テラスがすべての住戸に附属しているのではない場合には、別途専用使用料の徴収について規定することもできる。

第15条関係
① 本条は、マンションの住戸の数に比べて駐車場の収容台数が不足しており、駐車場の利用希望者（空き待ち）が多いという一般的状況を前提としている。
② ここで駐車場と同様に扱うべきものとしては、倉庫等がある。
③ 本条の規定のほか、使用者の選定方法をはじめとした具体的な手続き、使用者の遵守すべ

き事項等駐車場の使用に関する事項の詳細については,「駐車場使用細則」を別途定めるものとする。また,駐車場使用契約の内容（契約書の様式）についても駐車場使用細則に位置づけ,あらかじめ総会で合意を得ておくことが望ましい。
④ 駐車場使用契約は,次のひな型を参考とする。

駐車場使用契約書

　○○マンション管理組合（以下「甲」という。）は,○○マンションの区分所有者である○○（以下「乙」という。）と,○○マンションの駐車場のうち別添の図に示す○○の部分につき駐車場使用契約を締結する。当該部分の使用に当たっては,乙は下記の事項を遵守するものとし,これに違反した場合には,甲はこの契約を解除することができる。

記
1　契約期間は,平成　年　月　日から平成　年　月　日までとする。ただし,乙がその所有する専有部分を他の区分所有者又は第三者に譲渡又は貸与したときは,本契約は効力を失う。
2　月額○○円の駐車場使用料を前月の○日までに甲に納入しなければならない。
3　別に定める駐車使用細則を遵守しなければならない。
4　当該駐車場に常時駐車する車両の所有者,車両番号及び車種をあらかじめ甲に届け出るものとする。

---

⑤ 車両の保管責任については,管理組合が負わない旨を駐車場使用契約又は駐車場使用細則に規定することが望ましい。
⑥ 駐車場使用細則,駐車場使用契約等に,管理費,特別修繕費の滞納等の規約違反の場合は,契約を解除できるか又は次回の選定時の参加資格をはく奪することができる旨の規定を定めることもできる。
⑦ 駐車場使用者の選定は,最初に使用者を選定する場合には抽選,2回目以降の場合には抽選又は申込順にする等,公平な方法により行うものとする。
　また,マンションの状況等によっては,契約期間終了時に入れ替えるという方法又は契約の更新を認めるという方法等について定めることも可能である。
⑧ 駐車場が全戸分ない場合等には,駐車場使用料を近傍の同種の駐車場料金と均衡を失しないよう設定すること等により,区分所有者間の公平を確保することが必要である。

第16条関係
① 有償か無償かの区別,有償の場合の使用料の額等について使用条件で明らかにすることとする。
② 第2項の対象となるのは,広告塔,看板等である。

第17条関係
① 区分所有者は,区分所有法第6条第1項の規定により,専有部分の増築又は建物の主要構

造部に影響を及ぼす行為を実施することはできない。
② 「専有部分の修繕, 模様替え又は建物に定着する物件の取付け若しくは取替え」の工事の具体例としては, 床のフローリング, ユニットバスの設置, 主要構造部に直接取り付けるエアコンの設置, 配管（配線）の枝管（枝線）の取付け・取替え, 間取りの変更等がある。
③ 本条は, 配管（配線）の枝管（枝線）の取付け, 取替え工事に当たって, 共用部分内に係る工事についても, 理事長の承認を得れば, 区分所有者が行うことができることも想定している。
④ 専有部分の修繕等の実施は, 共用部分に関係してくる場合もあることから, ここでは, そのような場合も想定し, 区分所有法第18条の共用部分の管理に関する事項として, 同条第2項の規定により, 規約で別の方法を定めたものである。
　なお, 区分所有法第17条の共用部分の変更に該当し, 集会の決議を経ることが必要となる場合もあることに留意する必要がある。
⑤ 承認を行うに当たっては, 専門的な判断が必要となる場合も考えられることから, 専門的知識を有する者（建築士, 建築設備の専門家等）の意見を聴く等により専門家の協力を得ることを考慮する。
　特に, フローリング工事の場合には, 構造, 工事の仕様, 材料等により影響が異なるので, 専門家への確認が必要である。
⑥ 承認の判断に際して, 調査等により特別な費用がかかる場合には, 申請者に負担させることが適当である。
⑦ 工事の躯体に与える影響, 防火, 防音等の影響, 耐力計算上の問題, 他の住戸への影響等を考慮して, 承認するかどうか判断する。
⑧ 専有部分に関する工事であっても, 他の居住者等に影響を与えることが考えられるため, 工事内容等を掲示する等の方法により, 他の区分所有者等へ周知を図ることが適当である。
⑨ 本条の承認を受けないで, 専有部分の修繕等の工事を行った場合には, 第63条の規定により, 理事長は, その是正等のため必要な勧告又は指示若しくは警告を行うか, その差止め, 排除又は原状回復のための必要な措置等をとることができる。
⑩ 本条の規定のほか, 具体的な手続き, 区分所有者の遵守すべき事項等詳細については, 使用細則に別途定めるものとする。
⑪ 申請書及び承認書の様式は, 次のとおりとする。

専有部分修繕等工事申請書

　　　　　　　　　　　　　　　　　　　　　　平成　年　月　日

○○マンション管理組合
　理事長　○○○○　殿

　　　　　　　　　　　　　　　　　　　　氏　名　○○○○

　下記により, 専有部分の修繕等の工事を実施することとしたいので, ○○マンション管理規約第17条の規定に基づき申請します。

記

1　対象住戸　　　　　　　　○○号室
2　工事内容
3　工事期間　　　　　　　　平成　年　月　日から
　　　　　　　　　　　　　平成　年　月　日まで
4　施行業者
5　添付書類　　　　　　　　設計図，仕様書及び工程表

専有部分修繕等工事承認書

平成　年　月　日

○○○○殿

　平成　年　月　日に申請のありました○○号室における専有部分の修繕等の工事については，実施することを承認します。
（条件）

○○マンション管理組合
理事長　○○○○

第18条関係

① 　使用細則で定めることが考えられる事項としては，動物の飼育やピアノ等の演奏に関する事項等専有部分の使用方法に関する規制や，駐車場，倉庫等の使用方法，使用料等，敷地，共用部分の使用方法や対価等に関する事項等があげられ，このうち専有部分の使用に関するものは，その基本的事項は規約で定めるべき事項である。
　　なお，使用細則を定める方法としては，これらの事項を一つの使用細則として定める方法と事項ごとに個別の細則として定める方法とがある。

② 　犬，猫等のペットの飼育に関する規定は，規約で定めるべき事項である。
　　飼育を認める場合には，動物等の種類及び数等の限定，管理組合への届出又は登録等による飼育動物の把握，専有部分における飼育方法並びに共用部分の利用方法及びふん尿の処理等の飼育者の守るべき事項，飼育に起因する被害等に対する責任，違反者に対する措置等の規定を定める必要がある。
　　なお，基本的事項を規約で定め，手続き等の細部の規定を使用細則等に委ねることは可能である。

第19条関係

① 　規約の効力は対象物件の使用方法につき占有者にも及ぶが，本条は，それ以外に，区分所有者がその専有部分を第三者に貸与する場合に，区分所有者がその第三者に，この規約及び使用細則に定める事項を遵守させる義務を定めたものである。

② 　第三者が遵守すべき事項は，この規約及び使用細則に定める事項のうち，対象物件の使用に関する事項とする。

③ 　貸与に係る契約書に記載する条項及び管理組合に提出する誓約書の様式は次のとおりとす

```
                    賃貸借契約書

○○条　賃借人は、対象物件の使用、収益に際して、○○マンション管理規約及び
　同使用細則に定める事項を誠実に遵守しなければならない。
２　賃借人が、前項に規定する義務に違反したときは、賃貸人は、本契約を解除す
　ることができる。
```

```
                    契　約　書

　私は、○○○○（賃貸人）との○○マンション○○号室（以下「対象物件」とい
う。）の賃貸借契約の締結に際し、下記事項を誓約します。
                         記
　対象物件の使用に際しては○○マンション管理規約及び同使用細則に定める事項
を誠実に遵守すること。

　平成　年　月　日
　○○マンション管理組合
　理　事　長　　○○○○　殿
                              住所
                              氏名　　　　　　　　　㊞
```

第21条関係
① 　駐車場の管理は、管理組合がその責任と負担で行う。
② 　バルコニー等の管理のうち、管理組合がその責任と負担において行わなければならないのは、計画修繕等である。
③ 　第２項の対象となる設備としては、配管、配線等がある。
④ 　配管の清掃等に要する費用については、第26条第三号の「共用設備の保守維持費」として管理費を充当することが可能であるが、配管の取替え等に要する費用のうち専有部分に係るものについては、各区分所有者が実費に応じて負担すべきものである。

第24条関係
① 　管理費等の負担割合を定めるに当たっては、使用頻度等は勘案しない。
② 　管理費のうち、管理組合の運営に要する費用については、組合費として管理費とは別離して徴収することもできる。
③ 　自治会費、町内会費等は地域コミュニティーの維持・育成のため居住者が任意に負担するものであり、マンションという共有財産を維持・管理していくための費用である管理費等と

は別のものである。

第26条関係
　　管理組合の運営に要する費用には役員活動費も含まれ，これについては一般の人件費等を勘案して定めるものとするが，役員は区分所有者全員の利益のために活動することにかんがみ，適正な水準に設定することとする。

第27条関係
①　対象物件の経済的価値を適正に維持するためには，一定期間ごとに行う計画的な維持修繕工事が重要であるので，修繕積立金を必ず積み立てることとしたものである。
②　分譲会社が分譲時において将来の計画修繕に要する経費に充当していくため，一括して購入者より修繕積立基金として徴収している場合があるが，これについても特別修繕費の一部として，修繕積立金として積み立てられ，区分経理されるべきものである。

第30条関係
　　届出書の様式は，次のとおりとする。

```
                  届　出　書
                              平成　年　月　日
○○マンション管理組合
　理事長　○○○○　殿
　○○マンションにおける区分所有権の取得及び喪失について，下記のとおり届け出ます。
                  記
1　対象住戸              ○　○　号室
2　区分所有権を取得した者　氏名
3　区分所有権を喪失した者　氏名
                        住所（移転先）
4　区分所有権の変動の年月日　平成　年　月　日
5　区分所有権の変動の原因
```

第31条関係
①　建物を長期にわたって良好に維持・管理していくためには，一定の年数の経過ごとに計画的に修繕を行っていくことが必要であり，その対象となる建物の部分，修繕時期，必要となる費用等について，あらかじめ長期修繕計画として定め，区分所有者の間で合意しておくことは，円滑な修繕の実施のために重要である。
②　長期修繕計画の内容としては次のようなものが最低限必要である。
　1　計画期間が20年程度以上であること。
　2　計画修繕の対象となる工事として外壁補修，屋上防水，給排水管取替え等が掲げられ，各部位ごとに修繕周期，工事金額等が定められているものであること。
　3　全体の工事金額が定められたものであること。

また，長期修繕計画の内容については定期的な（おおむね５年程度ごとに）見直しをすることが必要である。
③　長期修繕計画の作成又は変更及び修繕工事の実施の前提として，劣化診断（建物診断）を管理組合として併せて行う必要がある。
④　長期修繕計画の作成又は変更に要する経費及び長期修繕計画の作成等のための劣化診断（建物診断）に要する経費の充当については，管理組合の財産状態等に応じて管理費又は修繕積立金のどちらかでもできる。
　　ただし，修繕工事の前提としての劣化診断（建物診断）に要する経費の充当については，修繕工事の一環としての経費であることから，原則として修繕積立金から取り崩すこととなる。

第32条関係
①　委託は，管理会社に対して行うのが通例である。
②　第三者に委託する場合は，中高層共同住宅標準管理委託契約書による。

第33条関係
　　理事の員数については次のとおりとする。
　１　おおむね10～15戸につき１名選出するものとする。
　２　員数の範囲は，最低３名程度，最高20名程度とし，○～○名という枠により定めることもできる。

第34条関係
①　役員の任期については，組合の実情に応じて１～２年で設定することとし，選任に当たっては，その就任日及び任期の期限を明確にする。
②　業務の継続性を重視すれば，役員は半数改選とするのもよい。この場合には，役員の任期は２年とする。

第40条関係
（第５項関係）
　　総会において，議長を選任する旨の定めをすることもできる。

第41条関係
（第３項，第５項関係）
　　所定の掲示場所は建物内の見やすい場所に設けるものとする。以下同じ。

第43条関係
　　理事会が必要と認める者の例としては，管理業者，管理人等がある。

第44条関係
①　議決権については，共用部分の共有持分の割合，あるいはそれを基礎としつつ多数を算定しやすい数字に直した割合によることが適当である。
②　各住戸の面積があまり異ならない場合は，住戸１戸につき各１個の議決権により対応することも可能である。
　　また，住戸の数を基準とする議決権と専有面積を基準とする議決権を併用することにより対応することも可能である。

③ 特定の者について利害関係が及ぶような事項を決議する場合には，その特定の少数者の意見が反映されるよう留意する。

第45条関係
　特に慎重を期すべき事項を特定の決議によるものとした。あとの事項は，会議運営の一般原則である多数決によるものとした。

第48条関係
　第3項の「利害関係人」とは，敷地，専有部分に対する担保権者，差押え債権者，賃借人，組合員からの媒介の依頼を受けた住宅建物取引業者等法律上の利害関係がある者をいい，単に事実上利益や不利益を受けたりする者，親族関係にあるだけの者等は対象とはならない。

第64条関係
　規約違反，管理費等の滞納等区分所有者等による義務違反に対し，訴訟によることとした場合，その者に対して弁護士費用その他の訴訟に要する費用について実費相当額を請求できるようにするため，あらかじめその旨を規約に位置づけておくことが考えられる。

第65条関係
① 分譲会社が締結した協定は，管理組合が再協定するか，附則で承認する旨規定するか，いずれかとする。
② 協定書は規約に添付することとする。
③ ここでいう協定としては，公園，通路，目隠し，共同アンテナ，電気室等の使用等を想定している。

附則全般関係
　これらのほか，初年度の予算及び事業計画等に関しても必要に応じて附則で特例を設けるものとする。

附則第1条関係
　規約の効力発生時点は，最初に住戸の引渡しがあった時とする。

附則第2条関係
　管理組合の成立年月日も，規約の効力発生時点と同じく，最初に住戸の引渡しがあった時とする。

附則第3条関係
① 建物の完成時点において，入居者の大半が決定している場合には，入居前に総会を開催して規約及び役員の追認をするものとする。
　その他の場合においても入居者の大半が決定した段階で，できるだけ速やかに総会を開催して規約及び役員の追認をするものとする。
② 役員の任期については，入居者が自立的に役員を選任することができるようになるまでとする。

附則第5条関係
　入居後直ちに開催する総会で抽選で駐車場の使用者を決定する場合には，本条は，不要である。

別表第1関係
① 敷地は，規約により建物の敷地としたものも含むものである。
② 所在地が登記簿上の所在地と住居表示で異なる場合は，両方を記載すること。

別表第2関係
① ここでいう共用部分には，規約共用部分のみならず，法定共用部分も含む。
② 管理人室等は，区分所有法上は専有部分の対象となるものであるが，区分所有者の共通の利益のために設置されるものであるから，これを規約により共用部分とすることとしたものである。
③ 一部の区分所有者のみの共有とする共用部分があれば，その旨も記載する。

（巻末）

マンション管理適正化推進法と施行規則　全文対照表

四十五の三 マンション管理業者の登録		
マンションの管理の適正化の推進に関する法律第四十四条第一項（登録）のマンション管理業者の登録	登録件数	一件につき九万円

（検討）

第八条　政府は、この法律の施行後三年を経過した場合において、この法律の施行の状況について検討を加え、その結果に基づいて必要な措置を講ずるものとする。

別紙様式第一号〜第三十二号（別紙）

該登録の取消しの日とみなす。

第五条　国土交通省令で定めるところによりマンションの管理に関し知識及び実務の経験を有すると認められる者でこの法律の施行の日から九月を経過する日までに国土交通大臣が指定する講習会の課程を修了したものは、第五十九条第一項に規定する試験に合格した者で管理事務に関し国土交通省令で定める期間以上の実務の経験を有するものとみなす。この場合における第六十条第二項ただし書の規定の適用については、同項中「試験に合格した日」とあるのは、「附則第五条に規定する国土交通大臣が指定する講習会の課程を修了した日」とする。

（日本勤労者住宅協会法の一部改正）

第六条　日本勤労者住宅協会法（昭和四十一年法律第百三十三号）の一部を次のように改正する。

第四十条中「及び不動産特定共同事業法（平成六年法律第七十七号）」を「、不動産特定共同事業法（平成六年法律第七十七号）及びマンションの管理の適正化の推進に関する法律（平成十二年法律第百四十九号）第三章」に改める。

（登録免許税法の一部改正）

第七条　登録免許税法の一部を次のように改正する。

別表第一第三十三号中（十七）を（十八）とし、（十六）の次に次のように加える。

	登録件数	
（十七）マンションの管理の適正化の推進に関する法律（平成十二年法律第百四十九号）第三十条第一項（登録）のマンション管理士の登録	一件につき	九千円

別表第一第四十五号の二の次に次のように加える。

第三条　法附則第五条の国土交通大臣が指定する講習会は、次のすべてに該当するものでなければならない。

一　マンションにおける良好な居住環境の確保を図ることを目的として民法第三十四条の規定により設立された法人で、講習を行うのに必要かつ適切な組織及び能力を有すると国土交通大臣が認める者が行う講習会であること。

二　正当な理由なく受講を制限する講習会でないこと。

三　国土交通大臣が定める講習の実施要領に従って実施される講習会であること。

定に係る罰則を含む。）並びに前条第一項から第三項までの規定を適用する。この場合において、第五十六条第一項中「事務所の規模を考慮して国土交通省令で定める数の成年者である専任の管理業務主任者」とあるのは「成年者である専任の管理業務主任者」と、同条第三項中「既存の事務所が同項の規定に抵触するに至ったときは」とあるのは「この法律の施行の際事務所が同項の規定に抵触するときはこの法律の施行の日から、既存の事務所が同項の規定に抵触するに至ったときはその日から」と、第八十二条第一号中「前条第三号又は第四号」とあるのは「前条第三号」と、同条第二号中「第四十八条第一項、第五十四条、第五十六条第三項、第七十一条」とあるのは「第五十六条第三項」と、第八十三条中「マンション管理業者の登録を命ずることができる」とあるのは「その登録を取り消さなければならない」と、第八十九条中「マンション管理業者の登録がその効力を失った場合には」とあるのは「第五十条第一項各号のいずれかに該当することとなった場合又は第八十三条の規定により読み替えて適用される第八十三条の規定によりマンション管理業の廃止が命ぜられた場合には」と、第百六条第四号中「第八十二条の規定による業務の停止の命令に違反して」とあるのは「第八十二条の規定により読み替えて適用される第八十三条の規定によるマンション管理業の廃止の命令に違反して」とする。

3　前項の規定により読み替えて適用される第八十三条の規定によりマンション管理業の廃止が命ぜられた場合における第三十条第一項第六号、第四十七条第二号及び第三号並びに第五十九条第一項第六号の規定の適用については、当該廃止の命令をマンション管理業者の登録の取消しの処分と、当該廃止を命ぜられた日を当

三　国土交通大臣が前各号と同等以上の知識及び実務の経験を有すると認める者

2　講習は、次のすべてに該当するものでなければならない。

一　マンションにおける良好な居住環境の確保を図ることを目的として民法第三十四条の規定により設立された法人で、講習を行うのに必要かつ適切な組織及び能力を有すると国土交通大臣が認める者が行う講習であること。

二　正当な理由なく受講を制限する講習でないこと。

三　国土交通大臣が定める講習の実施要領に従って実施される講習であること。

ては、適用しない。

3 第七十七条の規定は、管理組合から管理事務の委託を受けることを内容とする契約でこの法律の施行前に締結されたものに基づき行う管理事務については、その契約期間が満了するまでの間は、適用しない。

4 第百三条第一項の規定は、この法律の施行前に建設工事が完了した建物の分譲については、適用しない。

第四条 この法律の施行の際現にマンション管理業を営んでいる者は、この法律の施行の日から九月間（当該期間内に第四十七条の規定に基づく登録の拒否の処分があったとき、又は次項の規定により読み替えて適用される第八十三条の規定により当該マンション管理業の廃止を命ぜられたときは、当該処分のあった日又は当該廃止を命ぜられた日までの間）は、第四一四条第一項の規定によるマンション管理業を営むことができる。その者がその期間内に第四十五条第一項の登録を受けないでも、引き続きマンション管理業を営むことができる。その者が登録又は登録の拒否の処分があるまでの間も、同様とする。

2 前項の規定により引き続きマンション管理業を営むことができる場合において、その者を第四十四条第一項の登録を受けたマンション管理業者と、その事務所（第四十五条第一項第二号に規定する事務所をいう。）を代表する者、これに準ずる地位にある者その他国土交通省令で定める者を管理業務主任者とみなして、第五十六条（第一項ただし書を除く。）・第七十条、第七十二条第一項から第三項まで及び第五項、第七十三条、第七十六条まで、第七十七条第一項及び第二項、第七十九条、第八十条、第八十一条（第四号を除く。）、第八十三条（第二号を除く。）並びに第八十五条から第八十九条までの規定（これらの規

（経過措置）
第二条 法附則第四条第二項の国土交通省令で定める者並びに法附則第五条のマンションの管理に関し知識及び実務の経験を有すると認められる者は、次のいずれかに該当する者をいう。
一 管理事務に関し三年以上の実務の経験を有し、国土交通大臣が指定する講習（本条において「講習」という。）を修了し、当該講習の修了証明書の交付を受けた者
二 管理事務に関し一年以上の実務の経験を有し、かつ、宅地建物取引業に関し五年以上の実務の経験を有する者で、講習を修了し、当該講習の修了証明書の交付を受けた者

いては、当該建物の管理が管理組合に円滑に引き継がれるよう努めなければならない。

（権限の委任）

第百四条　この法律に規定する国土交通大臣の権限は、国土交通省令で定めるところにより、その一部を地方整備局長又は北海道開発局長に委任することができる。

（経過措置）

第百五条　この法律の規定に基づき命令を制定し、又は改廃する場合においては、その命令で、その制定又は改廃に伴い合理的に必要とされる範囲内において、所要の経過措置（罰則に関する経過措置を含む。）を定めることができる。

第七章　罰則（略）

　　　附　則

（施行期日）

第一条　この法律は、交付の日から起算して九月を超えない範囲内において政令で定める日から施行する。

（経過措置）

第二条　この法律の施行の際現にマンション管理士又はこれに紛らわしい名称を使用している者については、第四十三条の規定は、この法律の施行後九月間は、適用しない。

第三条　第七十二条の規定は、管理組合から管理事務の委託を受けることを内容とする契約でこの法律の施行の日から起算して一月を経過する日前に締結されるものについては、適用しない。

2　第七十三条の規定は、管理組合から管理事務の委託を受けることを内容とする契約でこの法律の施行前に締結されたものについ

　　　附　則

（施行期日）

第一条　この省令は、法の施行の日（平成十三年八月一日）から施行する。

第六章 雑則

(設計図書の交付等)

第百三条 宅地建物取引業者(宅地建物取引業法(昭和二十七年法律第百七十六号)第二条第三号に規定する宅地建物取引業者をいい、同法第七十七条第二項の規定により宅地建物取引業者とみなされる者を含む。以下同じ。)は、自ら売主として人の居住の用に供する独立部分がある建物(新たに建設された建物で人の居住の用に供したことがないものに限る。以下同じ。)を分譲した場合においては、国土交通省令で定める期間内に当該建物又はその附属施設の管理を行う管理組合の管理者等が選任されたときは、速やかに、当該管理者等に対し、当該建物又はその附属施設の設計に関する図書で国土交通省令で定めるものを交付しなければならない。

2 前項に定めるもののほか、宅地建物取引業者は、自ら売主として人の居住の用に供する独立部分がある建物を分譲する場合にお

第五章 雑則

(法第百三条第一項の国土交通省令で定める期間)

第百一条 法第百三条第一項の国土交通省令で定める期間は、一年とする。

(法第百三条第一項の国土交通省令で定める図書)

第百二条 法第百三条第一項の国土交通省令で定める図書は、次の各号に掲げる、工事が完了した時点の同項の建物及びその附属施設(駐車場、公園、緑地及び広場並びに電気設備及び機械設備を含む。)に係る図書とする。

一 付近見取図
二 配置図
三 仕様書(仕上げ表を含む。)
四 各階平面図
五 二面以上の立面図
六 断面図又は矩計図
七 基礎伏図
八 各階床伏図
九 小屋伏図
十 構造詳細図
十一 構造計算書

二項各号に掲げる業務又は同条第三項に規定する業務」と、第二十二条中「法第二十二条第二項」とあるのは「法第百二条第二項」と、「別記様式第二十二号」とあるのは「別記様式第三十二号」と読み替えるものとする。

2　第九十七条第一項の承認を受けた指定法人は、毎事業年度の経過後三月以内に、その事業年度の保証業務に係る事業報告書及び収支決算書を作成し、国土交通大臣に提出しなければならない。

（改善命令）

第百条　国土交通大臣は、指定法人の第九十五条第二項又は第三項の業務の運営に関し改善が必要であると認めるときは、その指定法人に対し、その改善に必要な措置を講ずべきことを命ずることができる。

（指定の取消し）

第百一条　国土交通大臣は、指定法人が前条の規定による命令に違反したときは、その指定を取り消すことができる。

（報告及び立入検査）

第百二条　第二十一条及び第二十二条の規定は、指定法人について準用する。この場合において、これらの規定中「試験事務の適正な実施」とあるのは、「第九十五条第二項及び第三項の業務の適正な運営」と読み替えるものとする。

（準用）

第百三条　第十条及び第二十二条の規定は、法第九十五条第二項に規定する指定法人について準用する。この場合において、第十条第一項中「法第十一条第二項」とあるのは「法第九十五条第一項」と、同項第二号中「法第十一条第一項に規定する試験の実施に関する事務（以下この節において「試験事務」という。）」とあるのは「法第九十五条第二項各号に掲げる業務及び同条第三項に規定する業務」と、同項第三号中「試験事務」とあるのは「法第九十五条第二項各号に掲げる業務及び同条第三項に規定する業務」と、同条第二項第一号中「定款又は寄附行為」とあるのは「定款」と、同項第二号中「試験事務」とあるのは「法第九十五条第

（保証業務に係る契約の締結の制限）
第九十八条　前条第一項の承認を受けた指定法人は、その保証業務として社員であるマンション管理業者との間において締結する契約に係る保証債務の額の合計額が、国土交通省令で定める額を超えることとなるときは、当該契約を締結してはならない。

（保証業務に係る事業計画書等）
第九十九条　第九十七条第一項の承認を受けた指定法人は、毎事業年度、保証業務に係る事業計画書及び収支予算書を作成し、当該事業年度の開始前に（承認を受けた日の属する事業年度にあっては、その承認を受けた後遅滞なく）、国土交通大臣に提出しなければならない。これを変更しようとするときも、同様とする。

二　資産の総額

2　前項の保証業務承認申請書には、次の各号に掲げる書類を添付しなければならない。
一　保証業務方法書
二　保証基金の収支の見積り書
三　保証委託契約約款

3　前項第一号の規定による保証業務方法書には、保証の目的の範囲、保証限度、各保証委託者からの保証の受託の限度、保証委託契約の締結の方法に関する事項、保証受託の拒否の基準に関する事項、資産の運用方法に関する事項並びに保証委託者の業務及び財産の状況の調査方法に関する事項を記載しなければならない。

（保証業務の変更の届出）
第九十八条　指定法人は、前条第一項第二号若しくは第三号に掲げる書類に記載した事項又は同条第二項第一号に掲げる書類に記載した事項について変更があった場合においては、二週間以内に、その旨を国土交通大臣に届け出なければならない。

（法第九十八条の国土交通省令で定める額）
第九十九条　法第九十八条の国土交通省令で定める額は、保証基金の額に百を乗じて得た額とする。

五　前各号に掲げるもののほか、マンション管理業者の業務の改善向上を図るために必要な業務を行うこと。

3　指定法人は、前項の業務のほか、国土交通省令で定めるところにより、社員であるマンション管理業者が管理組合等又はマンションの区分所有者等から受領した管理費、修繕積立金等の返還債務を負うこととなった場合においてその返還債務を保証する業務（以下「保証業務」という。）を行うことができる。

（苦情の解決）

第九十六条　指定法人は、管理組合等から社員の営む業務に関する苦情について解決の申出があったときは、その相談に応じ、申出人に必要な助言をし、その苦情に係る事情を調査するとともに、当該社員に対しその苦情の内容を通知してその迅速な処理を求めなければならない。

2　指定法人は、前項の申出に係る苦情の解決について必要があると認めるときは、当該社員に対し、文書若しくは口頭による説明を求め、又は資料の提出を求めることができる。

3　社員は、指定法人から前項の規定による求めがあったときは、正当な理由がないのに、これを拒んではならない。

4　指定法人は、第一項の申出、当該苦情に係る事情及びその解決の結果について、社員に周知させなければならない。

（保証業務の承認等）

第九十七条　指定法人は、保証業務を行う場合においては、あらかじめ、国土交通省令で定めるところにより、国土交通大臣の承認を受けなければならない。

2　前項の承認を受けた指定法人は、保証業務を廃止したときは、その旨を国土交通大臣に届け出なければならない。

（保証業務の承認申請）

第九十七条　指定法人は、法第九十七条第一項の規定により、保証業務の承認を受けようとするときは、次の各号に掲げる事項を記載した別記様式第三十一号による保証業務承認申請書を国土交通大臣に提出しなければならない。

一　名称及び住所並びに代表者の氏名

第五章　マンション管理業者の団体

（指定）

第九十五条　国土交通大臣は、マンション管理業者の業務の改善向上を図ることを目的とし、かつ、マンション管理業者を社員とする民法第三十四条の規定により設立された社団法人であって、次項に規定する業務を適正かつ確実に行うことができると認められるものを、その申請により、同項に規定する業務を行う者として指定することができる。

2　前項の指定を受けた法人（以下「指定法人」という。）は、次に掲げる業務を行うものとする。

一　社員の営む業務に関し、社員に対し、この法律又はこの法律に基づく命令を遵守させるための指導、勧告その他の業務を行うこと。

二　社員の営む業務に関する管理組合等からの苦情の解決を行うこと。

三　管理業務主任者その他マンション管理業の業務に従事し、又は従事しようとする者に対し、研修を行うこと。

四　マンション管理業の健全な発達を図るための調査及び研究を行うこと。

第四章　マンション管理業者の団体

第十五条第一項後段」とあるのは「法第九十四条において準用する法第十五条第一項後段」と、第二十二条中「法第二十二条第二項」とあるのは「法第九十四条において準用する法第二十二条第二項」と、「別記様式第二号」とあるのは「別記様式第三十号」と、第二十三条中「法第二十三条第一項」とあるのは「法第九十四条において準用する法第二十三条第一項」と読み替えるものとする。

は磁気ディスクに記録され、必要に応じマンション管理適正化推進センターにおいて電子計算機その他の機器を用いて明確に紙面に表示されるときは、当該記録をもって法第九十四条において準用する法第十九条に規定する帳簿への記載に代えることができる。

3　法第九十四条において準用する法第十九条に規定する帳簿（前項の規定による記録が行われた同項のファイル又は磁気ディスクを含む。）は、管理適正化業務を廃止するまで保存しなければならない。

（準用）

第九十六条　第十条から第十四条まで、第二十二条及び第二十三条の規定は、法第九十一条に規定するマンション管理適正化推進センターについて準用する。この場合において、これらの規定（第十二条から第十四条まで及び第二十二条の規定を除く。）中「試験事務」とあるのは「管理適正化業務」と、第十条第一項中「法第十一条第二項」とあるのは「法第九十一条」と、同項第二号中「法第十一条第一項に規定する試験の実施に関する事務」とあるのは「法第九十一条に規定する業務」と、同条第二項第一号中「定款又は寄附行為」とあるのは「寄附行為」と、第十二条中「法第十三条第一項」とあるのは「法第九十四条において準用する法第十三条第一項」と、第十三条第一項中「法第十四条第一項前段」とあるのは「法第九十四条において準用する法第十四条第一項前段」と、「法第十四条第一項後段」とあるのは「法第九十四条において準用する法第十四条第一項後段」と、第十四条第一項中「法第十五条第一項前段」とあるのは「法第九十四条において準用する法第十五条第一項前段」と、「試験事務規程」とあるのは「管理適正化業務規程」と、同条第二項中「法

（センターへの情報提供等）

第九十三条　国土交通大臣は、センターに対し、管理適正化業務の実施に関し必要な情報及び資料の提供又は指導及び助言を行うものとする。

（準用）

第九十四条　第十二条から第十五条まで、第十八条第一項、第十九条から第二十三条まで、第二十四条第二項、第二十五条、第二十八条（第五号を除く。）及び第二十九条の規定は、センターについて準用する。この場合において、これらの規定中「試験事務」とあるのは「管理適正化業務」と、第十二条中「名称又は住所又は管理適正化業務を行う事務所」とあるのは「管理適正化業務規程」と、第十三条第二項中「指定試験機関の役員」とあるのは「管理適正化業務に従事するセンターの役員」と、第十四条第一項中「事業計画」とあるのは「管理適正化業務に係る事業計画」と、同条第二項中「事業報告書」とあるのは「管理適正化業務に係る事業報告書」と、第二十四条第二項第一号中「第十一条第三項各号」とあるのは「第九十一条第二項各号」と、同項第一項中「第十一条第一項」とあるのは「第九十一条第一項」と、第二十八条第一項中「その旨」とあるのは「その旨（第一号の場合にあっては、管理適正化業務を行う事務所の所在地を含む。）」と、同条第一号中「第十一条第一項」とあるのは「第九十一条」と読み替えるものとする。

（管理適正化業務規程の記載事項）

第九十四条　法第九十四条において準用する法第十五条第二項の国土交通省令で定める事項は、次のとおりとする。

一　管理適正化業務を行う事務所に関する事項
二　管理適正化業務を行う時間及び休日に関する事項
三　管理適正化業務の実施の方法に関する事項
四　管理適正化業務に関する秘密の保持に関する事項
五　管理適正化業務に関する帳簿及び書類の管理に関する事項
六　その他管理適正化業務の実施に関し必要な事項

（帳簿の備付け等）

第九十五条　法第九十四条において準用する法第十九条に規定する国土交通省令で定める事項は、次のとおりとする。

一　法第九十一条第一項第一号の情報及び資料の名称並びにこれらを収集した年月日
二　法第九十一条第一項第二号の技術的な支援を行った年月日及び相手方の氏名
三　法第九十一条第一項第三号の講習の名称及びこれを行った年月日
四　法第九十一条第一項第四号の指導及び助言を行った年月日並びに相手方の氏名
五　法第九十一条第一項第五号の調査及び研究の名称並びにこれらを行った年月日

2　前項各号に掲げる事項が、電子計算機に備えられたファイル又

により設立された財団法人であって、次条に規定する業務(以下「管理適正化業務」という。)に関し次に掲げる基準に適合すると認められるものを、その申請により、全国に一を限って、マンション管理適正化推進センター(以下「センター」という。)として指定することができる。

一 職員、管理適正化業務の実施の方法その他の事項についての管理適正化業務の実施に関する計画が、管理適正化業務の適正かつ確実な実施のために適切なものであること。

二 前号の管理適正化業務の実施に関する計画の適正かつ確実な実施に必要な経理的及び技術的な基礎を有するものであること。

(業務)

第九十二条 センターは、次に掲げる業務を行うものとする。

一 マンションの管理に関する情報及び資料の収集及び整理をし、並びにこれらを管理組合の管理者等その他の管理者に対し提供すること。

二 マンションの管理の適正化に関し、管理組合の管理者等その他の関係者に対し技術的な支援を行うこと。

三 マンションの管理の適正化に関し、管理組合の管理者等その他の関係者に対し講習を行うこと。

四 マンションの管理に関する苦情の処理のために必要な指導及び助言を行うこと。

五 マンションの管理に関する調査及び研究を行うこと。

六 マンションの管理の適正化の推進に資する啓発活動及び広報活動を行うこと。

七 前各号に掲げるもののほか、マンションの管理の適正化の推進に資する業務を行うこと。

第八十七条　マンション管理業者の使用人その他の従業者は、正当な理由がなく、マンションの管理に関する事務を行ったことに関して知り得た秘密を漏らしてはならない。マンション管理業者の使用人その他の従業者でなくなった後においても、同様とする。

（証明書の携帯等）
第八十八条　マンション管理業者は、国土交通省令で定めるところにより、使用人その他の従業者に、その従業者であることを証する証明書を携帯させなければ、その者をその業務に従事させてはならない。

2　マンション管理業者の使用人その他の従業者は、マンションの管理に関する事務を行うに際し、マンションの区分所有者等その他の関係者から請求があったときは、前項の証明書を提示しなければならない。

（登録の失効に伴う業務の結了）
第八十九条　マンション管理業者の登録がその効力を失った場合には、当該マンション管理業者であった者又はその一般承継人は、当該マンション管理業者の管理組合からの委託に係る管理事務を結了する目的の範囲内においては、なおマンション管理業者とみなす。

（適用の除外）
第九十条　この章の規定は、国及び地方公共団体には、適用しない。

第四章　マンション管理適正化推進センター

（指定）
第九十一条　国土交通大臣は、管理組合によるマンションの管理の適正化の推進に寄与することを目的として民法第三十四条の規定

（証明書の様式）
第九十三条　法第八十八条第一項に規定する証明書の様式は、別記様式第二十九号によるものとする。

第三章　マンション管理適正化推進センター

い。

一 第四十七条第一号、第三号又は第五号から第八号までのいずれかに該当するに至ったとき。

二 偽りその他不正の手段により登録を受けたとき。

三 前条各号のいずれかに該当し情状が特に重いとき、又は同条の規定による業務の停止の命令に違反したとき。

（監督処分の公告）

第八十四条　国土交通大臣は、前二条の規定による処分をしたときは、国土交通省令で定めるところにより、その旨を公告しなければならない。

（報告）

第八十五条　国土交通大臣は、マンション管理業の適正な運営を確保するため必要があると認めるときは、その必要な限度で、マンション管理業を営む者に対し、報告をさせることができる。

（立入検査）

第八十六条　国土交通大臣は、マンション管理業の適正な運営を確保するため必要があると認めるときは、その必要な限度で、マンション管理業を営む者の事務所その他の業務を行う場所に立ち入り、帳簿、書類その他必要な物件を検査させ、又は関係者に質問させることができる。

2　前項の規定により立入検査を行う職員は、その身分を示す証明書を携帯し、かつ、関係者の請求があるときは、これを提示しなければならない。

3　第一項に規定する権限は、犯罪捜査のために認められたものと解釈してはならない。

第五節　雑則

（使用人等の秘密保持義務）

（監督処分の公告）

第九十一条　法第八十四条の規定による公告は、官報によるものとする。

（身分証明書の様式）

第九十二条　法第八十六条第二項に規定する身分を示す証明書の様式は、別記様式第二十八号によるものとする。

（業務停止命令）

第八十二条　国土交通大臣は、マンション管理業者が次の各号のいずれかに該当するときは、当該マンション管理業者に対し、一年以内の期間を定めて、その業務の全部又は一部の停止を命ずることができる。

一　前条第三号又は第四号に該当するとき。
二　第四十八条第一項、第五十四条、第五十六条第三項、第七十一条、第七十二条第一項から第三項まで若しくは第五項、第七十三条から第七十六条まで、第七十七条第一項若しくは第二項、第七十九条、第八十条又は第八十八条第一項の規定に違反したとき。
三　前条の規定による指示に従わないとき。
四　この法律の規定に基づく国土交通大臣の処分に違反したとき。
五　マンション管理業に関し、不正又は著しく不当な行為をしたとき。
六　営業に関し成年者と同一の能力を有しない未成年者である場合において、その法定代理人が業務の停止をしようとするとき以前二年以内にマンション管理業に関し不正又は著しく不当な行為をしたとき。
七　法人である場合において、役員のうちに業務の停止をしようとするとき以前二年以内にマンション管理業に関し不正又は著しく不当な行為をした者があるに至ったとき。

（登録の取消し）

第八十三条　国土交通大臣は、マンション管理業者が次の各号のいずれかに該当するときは、その登録を取り消さなければならない。

（秘密保持義務）

第八十条　マンション管理業者は、正当な理由がなく、その業務に関して知り得た秘密を漏らしてはならない。マンション管理業者でなくなった後においても、同様とする。

第四節　監督

（指示）

第八十一条　国土交通大臣は、マンション管理業者が次の各号のいずれかに該当するとき、又はこの法律の規定に違反したときは、当該マンション管理業者に対し、必要な指示をすることができる。

一　業務に関し、管理組合又はマンションの区分所有者等に損害を与えたとき、又は損害を与えるおそれが大であるとき。

二　業務に関し、その公正を害する行為をしたとき、又はその公正を害するおそれが大であるとき。

三　業務に関し他の法令に違反し、マンション管理業者として不適当であると認められるとき。

四　管理業務主任者が第六十四条又は第六十五条第一項の規定による処分を受けた場合において、マンション管理業者の責めに

3　マンション管理業者は、第一項の規定による記録が行われた同項のファイル又は磁気ディスク（前項の規定により表示する方法で行うものとする。

4　第一項の書類は、事務所に備え置かれた日から起算して三年を経過する日までの間、当該事務所に備え置くものとし、当該事務所の営業時間中、その業務に係る関係者の求めに応じて閲覧させるものとする。

3　管理業務主任者は、前二項の説明をするときは、説明の相手方に対し、管理業務主任者証を提示しなければならない。

（管理業務主任者としてすべき事務の特例）
第七十八条　マンション管理業者は、第五十六条第一項ただし書に規定する管理事務については、管理業務主任者に代えて、当該管理事務を代表する者又はこれに準ずる地位にある者をして、管理業務主任者としてすべき事務を行わせることができる。

（書類の閲覧）
第七十九条　マンション管理業者は、国土交通省令で定めるところにより、当該マンション管理業者の業務及び財産の状況を記載した書類をその事務所ごとに備え置き、その業務に係る関係者の求めに応じ、これを閲覧させなければならない。

規定する説明会を開催し、管理業務主任者をして、これを当該管理組合を構成するマンションの区分所有者等に交付させなければならない。

2　前項の説明会は、できる限り説明会に参加する者の参集の便を考慮して開催の日時及び場所を決め、管理事務の委託を受けた管理組合ごとに開催するものとする。

3　マンション管理業者は、前項の説明会の開催日の一週間前までに説明会の開催の日時及び場所について、当該管理組合を構成するマンションの区分所有者等の見やすい場所に掲示しなければならない。

（書類の閲覧）
第九十条　法第七十九条に規定するマンション管理業者の業務及び財産の状況を記載した書類は、別記様式第二十七号による業務状況調書、貸借対照表及び損益計算書又はこれらに代わる書面（以下この条において「業務状況調書等」という。）とする。

2　業務状況調書等が、電子計算機に備えられたファイル又は磁気ディスクに記録され、必要に応じ事務所ごとに電子計算機その他の機器を用いて明確に紙面に表示されるときは、当該記録をもって法第七十九条に規定する書類への記載に代えることができる。この場合における法第七十九条の規定による閲覧は、当該業務状況調書等を紙面又は当該事務所に設置された入出力装置の映像面

（管理事務の報告）

第七十七条　マンション管理業者は、管理事務の委託を受けた管理組合に管理者等が置かれているときは、国土交通省令で定めるところにより、定期に、当該管理者等に対し、管理事務に関する報告をさせなければならない。

2　マンション管理業者は、管理事務の委託を受けた管理組合に管理者等が置かれていないときは、国土交通省令で定めるところにより、定期に、説明会を開催し、当該管理組合を構成するマンションの区分所有者等に対し、管理業務主任者をして、当該管理事務に関する報告をさせなければならない。

うこととする当該修繕積立金等金銭の管理方式をいう。）により当該修繕積立金等金銭を管理するときは、管理組合等がマンションの区分所有者等から当該修繕積立金等を徴収してから一月以内に、このうち修繕積立金を、当該管理組合等を名義人とする修繕積立金を管理するための別の口座に移し換えるまでの比較的短い期間に限り保管する場合は、前項の規定は適用しない。

6　マンション管理業者は、受託有価証券を管理する場合にあっては、受託有価証券の預り証を保管してはならない。ただし、管理組合に管理者等が置かれていない場合において、管理者等が選任されるまでの比較的短い期間に限り保管する場合は、この限りでない。

（管理事務の報告）

第八十八条　マンション管理業者は、法第七十七条第一項の規定により管理事務に関する報告を行うときは、管理事務の委託を受けた管理組合の事業年度終了後、遅滞なく、当該期間における管理受託契約に係るマンションの管理の状況について次に掲げる事項を記載した管理事務報告書を作成し、これを管理者等に交付しなければならない。

一　報告の対象となる期間
二　管理組合の会計の収入及び支出の状況
三　前二号に掲げるもののほか、管理受託契約の内容に関する事項

第八十九条　マンション管理業者は、法第七十七条第二項の規定により管理事務に関する報告を行うときは、管理事務を委託した管理組合の事業年度の終了後、遅滞なく、当該期間における管理受託契約に係るマンションの管理の状況について前条各号に掲げる事項を記載した管理事務報告書を作成し、法第七十七条第二項に

己の固有財産及び他の管理組合の財産である有価証券の保管場所と明確に区分させ、かつ、当該受託有価証券が受託契約を締結した管理組合の有価証券であることを判別できる状態で管理させる方法とする。

3　マンション管理業者が、収納代行精算方式（マンション管理業者が、管理組合から委託を受けてマンションの区分所有者等から徴収した修繕積立金等金銭を当該マンション管理業者を名義人とする口座に預入し、当該口座から払い出した金銭により管理を行うこととする当該修繕積立金等金銭の管理方法をいう。）により修繕積立金等金銭を管理するときは、マンション管理業者がマンションの区分所有者等から当該修繕積立金等を徴収してから一月以内に、当該　月以内の期間に管理事務に要した費用を当該修繕積立金等金銭から控除した残額を、管理組合等を名義人とする口座に移し換えるときに限り、前項の規定は適用しない。

4　マンション管理業者は、修繕積立金等金銭を管理する場合において、当該修繕積立金等金銭を管理するための管理組合等に係る管理組合等の印鑑、預貯金通帳と当該預貯金通帳に係る管理組合等の印鑑を同時に管理してはならない。ただし、管理者等が選任されるまでの比較的短い期間に限り、当該管理組合の預貯金通帳と当該預貯金通帳に係る印鑑を同時に保管する場合は、この限りでない。

5　マンション管理業者が保証契約を締結した場合において、当該マンション管理業者が、支払一任代行方式（管理組合等がマンションの区分所有者等から徴収した修繕積立金等金銭を管理組合等を名義人とする口座に預入し、マンション管理業者が管理組合から委託を受けて当該口座から払出した金銭により管理事務を行

（財産の分別管理）

第七十六条　マンション管理業者は、管理組合から委託を受けて管理する修繕積立金その他国土交通省令で定める財産については、整然と管理する方法として国土交通省令で定める方法により、自己の固有財産及び他の管理組合の財産と分別して管理しなければならない。

一　管理受託契約を締結した年月日
二　管理受託契約を締結した管理組合の名称
三　契約の対象となるマンションの所在地及び管理事務の対象となるマンションの部分に関する事項
四　受託した管理事務の内容
五　管理事務に係る受託料の額
六　管理受託契約における特約その他参考となる事項

2　前項各号に掲げる事項が、電子計算機に備えられたファイル又は磁気ディスクに記録され、必要に応じ当該事務所において電子計算機その他の機器を用いて明確に紙面に表示されるときは、当該記録をもって法第七十五条に規定する帳簿への記載に代えることができる。

3　マンション管理業者は、法第七十五条に規定する帳簿（前項の規定による記録が行われた同項のファイル又は磁気ディスクを含む。）を各事業年度の末日をもって閉鎖するものとし、閉鎖後五年間当該帳簿を保存しなければならない。

（財産の分別管理）

第八十七条　法第七十六条の国土交通省令で定める財産は、管理組合又はマンションの区分所有者等から受領した管理費用に充当するものとする。

2　法第七十六条に規定する国土交通省令で定める方法は、修繕積立金等が金銭の場合にあっては、修繕積立金等金銭を、マンション管理業者が受託契約を締結した管理組合等（以下この条において「管理組合等」という。）を名義人とする口座において預貯金として管理する方法とし、修繕積立金等が有価証券の場合にあっては、金融機関又は証券会社に、当該有価証券（以下この条において「受託有価証券」という。）の保管場所を自

しくはマンションの共用部分（建物の区分所有等に関する法律（昭和三十七年法律第六十九号）第二条第四項に規定する共用部分をいう。）の使用に関する定めがあるときは、その内容

三　法第七十七条に規定する管理事務の報告に関する事項

四　マンションの滅失し又は毀損した場合において及びマンション管理業者が当該減失又は毀損の事実を知ったときはその状況を契約の相手方に通知すべき旨の定めがあるときは、その内容

五　宅地建物取引業者からその行う業務の用に供する目的でマンションに関する情報の提供を要求された場合の対応に関する定めがあるときは、その内容

六　毎事業年度開始前に行う当該年度の管理事務の見通しに関する定めがあるときは、その内容

七　管理事務として行う管理事務に要する費用の収納に関する事項

八　免責に関する事項

2　マンション管理業者は、前項の規定により交付すべき書面を作成するときは、管理業務主任者をして、当該書面に記名押印させなければならない。

（再委託の制限）

第七十四条　マンション管理業者は、管理組合から委託を受けた管理事務のうち基幹事務については、これを一括して他人に委託してはならない。

（帳簿の作成等）

第七十五条　マンション管理業者は、管理組合から委託を受けた管理事務について、国土交通省令で定めるところにより、帳簿を作成し、これを保存しなければならない。

（帳簿の記載事項等）

第八十六条　マンション管理業者は、管理受託契約を締結したつど、法第七十五条の帳簿に次に掲げる事項を記載し、その事務所ごとに、その業務に関する帳簿を備えなければならない。

(契約の成立時の書面の交付)

第七十三条　マンション管理業者は、管理組合から管理事務の委託を受けることを内容とする契約を締結したときは、当該管理組合の管理者等（当該マンション管理業者が当該管理組合の管理者等である場合又は当該管理組合に管理者等が置かれていない場合にあっては、当該管理組合を構成するマンションの区分所有者等全員）に対し、遅滞なく、次に掲げる事項を記載した書面を交付しなければならない。

一　管理事務の対象となるマンションの部分
二　管理事務の内容及び実施方法（第七十六条の規定により管理する財産の管理の方法を含む。）
三　管理事務に要する費用並びにその支払の時期及び方法
四　管理事務の一部の再委託に関する定めがあるときは、その内容
五　契約期間に関する事項
六　契約の更新に関する定めがあるときは、その内容
七　契約の解除に関する定めがあるときは、その内容
八　その他国土交通省令で定める事項

付すべき書面を作成するときは、管理業務主任者をして、当該書面に記名押印させなければならない。

(法第七十三条第一項第八号の国土交通省令で定める事項)

第八十五条　法第七十三条第一項第八号の国土交通省令で定める事項は、次に掲げるものとする。

一　管理受託契約の当事者の名称及び住所並びに法人である場合においては、その代表者の氏名
二　マンション管理業者によるマンション管理事務の実施のため必要となる、マンションの区分所有者等の行為制限又はマンション管理業者によるマンションの区分所有者等の専有部分への立入り若

第八十四条 法第七十二条第一項の国土交通省令で定める事項は、次に掲げるものとする。
一 マンション管理業者の商号又は名称、住所、登録番号及び登録年月日
二 管理事務の対象となるマンションの所在地に関する事項
三 管理事務の対象となるマンションの部分に関する事項
四 管理事務の内容及び実施方法（法第七十六条の規定により管理する財産の管理の方法を含む。）
五 管理事務に要する費用並びにその支払の時期及び方法
六 管理事務の一部の再委託に関する事項
七 保証契約に関する事項
八 免責に関する事項
九 契約期間に関する事項
十 契約の更新に関する事項
十一 契約の解除に関する事項

するマンションの区分所有者等及び当該管理組合の管理者等の全員に対し、重要事項並びに説明会の日時及び場所を記載した書面を交付しなければならない。

2 マンション管理業者は、従前の管理受託契約と同一の条件で管理組合との管理受託契約を更新しようとするときは、あらかじめ、当該管理組合を構成するマンションの区分所有者等全員に対し、重要事項を記載した書面を交付しなければならない。

3 前項の場合において当該管理組合に管理者等が置かれているときは、マンション管理業者は、当該管理者等に対し、管理業務主任者をして、重要事項について、これを記載した書面を交付して説明をさせなければならない。

4 管理業務主任者は、第一項又は前項の説明をするときは、説明の相手方に対し、管理業務主任者証を提示しなければならない。

5 マンション管理業者は、第一項から第三項までの規定により交

PART 3　マンション管理士のための法規集

（国土交通省令への委任）

第六十九条　この節に定めるもののほか、試験、指定試験機関、管理業務主任者の登録その他この節の規定の施行に関し必要な事項は、国土交通省令で定める。

第三節　業務

（業務処理の原則）

第七十条　マンション管理業者は、信義を旨とし、誠実にその業務を行わなければならない。

（標識の掲示）

第七十一条　マンション管理業者は、その事務所ごとに、公衆の見やすい場所に、国土交通省令で定める標識を掲げなければならない。

（重要事項の説明等）

第七十二条　マンション管理業者は、管理組合から管理事務の委託を受けることを内容とする契約（新たに建設されたマンションの当該建設工事の完了の日から国土交通省令で定める期間を経過する日までの間に契約期間が満了するものを除く。以下「管理受託契約」という。）を締結しようとするとき（次項に規定するときを除く。）は、あらかじめ、国土交通省令で定めるところにより説明会を開催し、当該管理組合を構成するマンションの区分所有者等及び当該管理受託契約の管理者等に対し、管理受託契約の内容及びその履行に関する事項であって国土交通省令で定めるもの（以下「重要事項」という。）について説明をさせなければならない。この場合において、マンション管理業者は、当該説明会の日の一週間前までに、当該管理組合を構成

2　マンション管理業者は、前項の説明会の開催日の一週間前までに説明会の開催の日時及び場所について、当該管理組合を構成するマンションの区分所有者等及び当該管理組合の管理者等の見やすい場所に掲示しなければならない。

（重要事項

（法第七十二条第一項の国土交通省令で定める期間）

第八十二条　法第七十二条第一項の国土交通省令で定める期間は、一年とする。

（説明会の開催）

第八十三条　法第七十二条第一項の規定による説明会は、できる限り説明会に参加する者の参集の便を考慮して開催の日時及び場所を定め、管理事務の委託を受けた管理組合ごとに開催するものとする。

（標識の掲示）

第八十一条　法第七十一条の規定によりマンション管理業者の掲げる標識の様式は、別記様式第二十六号によるものとする。

第五節　マンション管理業務

とあるのは「法第五十九条第一項各号（第五号を除く。）」と読み替えるものとする。

理業務主任者証の交付を受けていないものが次の各号のいずれかに該当するときは、その登録を取り消さなければならない。
一　第五十九条第一項各号（第五号を除く。）のいずれかに該当するに至ったとき。
二　偽りその他不正の手段により登録を受けたとき。
三　管理業務主任者としてすべき事務を行った場合（第七十八条の規定により事務所を代表する者又はこれに準ずる地位にある者として行った場合を除く。）であって、情状が特に重いとき。

（登録の消除）
第六十六条　国土交通大臣は、第五十九条第一項の登録がその効力を失ったときは、その登録を消除しなければならない。

（報告）
第六十七条　国土交通大臣は、管理業務主任者の事務の適正な遂行を確保するため必要があると認めるときは、その必要な限度で、管理業務主任者に対し、報告をさせることができる。

（手数料）
第六十八条　第五十九条第一項の登録を受けようとする者、管理業務主任者証の交付、有効期間の更新、再交付又は訂正を受けようとする者及び第六十条第二項本文（第八十一条第二項において準用する場合を含む。）の講習（国土交通大臣が行うものに限る。）を受けようとする者は、実費を勘案して政令で定める額の手数料を国に納付しなければならない。

（登録等の手数料の納付）
第七十九条　国に納付する法第六十八条に規定する手数料については、第七十条第一項に規定する管理業務主任者登録申請書、第七十三条第二項に規定する管理業務主任者証交付申請書、第七十七条第二項に規定する管理業務主任者証再交付申請書、第七十六条第一項に規定する登録事項変更届出書及び第七十五条において準用する第四十一条に規定する管理業務主任者講習受講申込書に、それぞれ収入印紙をはって納付するものとする。
2　前項の規定により納付された手数料は、これを返還しない。

（準用）
第八十条　第三十一条の規定は、管理業務主任者の登録について準用する。この場合において、「法第三十条各号（第四号を除く。）」

（指示及び事務の禁止）
第六十四条　国土交通大臣は、管理業務主任者が次の各号のいずれかに該当するときは、当該管理業務主任者に対し、必要な指示をすることができる。
一　マンション管理業者に自己が専任の管理業務主任者として従事している事務所以外の事務所の専任の管理業務主任者である旨の表示をすることを許し、当該マンション管理業者がその旨の表示をしたとき。
二　他人に自己の名義の使用を許し、当該他人がその名義を使用して管理業務主任者である旨の表示をしたとき。
三　管理業務主任者として行う事務に関し、不正又は著しく不当な行為をしたとき。
2　国土交通大臣は、管理業務主任者が前項各号のいずれかに該当するとき、又は同項の規定による指示に従わないときは、当該管理業務主任者に対し、一年以内の期間を定めて、管理業務主任者としてすべき事務を行うことを禁止することができる。

（登録の取消し）
第六十五条　国土交通大臣は、管理業務主任者が次の各号のいずれかに該当するときは、その登録を取り消さなければならない。
一　第五十九条第一項各号（第五号を除く。）のいずれかに該当するに至ったとき。
二　偽りその他不正の手段により登録を受けたとき。
三　偽りその他不正の手段により管理業務主任者証の交付を受けたとき。
四　前条第二項の規定による事務の禁止の処分に違反したとき。
2　国土交通大臣は、第五十九条第一項の登録を受けている者で管理業務主任者の登録を受けたものが前項第一号に該当し情状が特に重いとき、又は同条第二項の規定による事務の禁止の処分に違反したときは、その登録を取り消さなければならない。

（登録の取消しの通知等）
第七十八条　国土交通大臣は、法第六十五条の規定により管理業務主任者の登録を取り消したときは、理由を付し、その旨を登録の取消しの処分を受けた者に通知しなければならない。
2　法第六十五条第一項の規定により管理業務主任者の登録を取り消された者は、前項の通知を受けた日から起算して十日以内に、管理業務主任者証を国土交通大臣に返納しなければならない。

（登録事項の変更の届出等）
第六十二条　第五十九条第一項の登録を受けた者は、登録を受けた事項に変更があったときは、遅滞なく、その旨を国土交通大臣に届け出なければならない。
2　管理業務主任者は、前項の規定による届出をする場合において、管理業務主任者証の記載事項に変更があったときは、当該届出に管理業務主任者証を添えて提出し、その訂正を受けなければならない。

（管理業務主任者証の提示）
第六十三条　管理業務主任者は、その事務を行うに際し、マンションの区分所有者等その他の関係者から請求があったときは、管理業務主任者証を提示しなければならない。

（登録事項の変更の届出等）
第七十六条　法第五十九条第一項の登録を受けた者は、登録を受けた事項に変更があったときは、別記様式第二十四号による登録事項変更届出書を国土交通大臣に提出しなければならない。
2　国土交通大臣は、前項の届出があったときは、遅滞なく、届出事項を管理業務主任者登録簿に登録するとともに、その旨を登録事項の変更を届け出た者に通知しなければならない。

（管理業務主任者証の再交付等）
第七十七条　管理業務主任者は、管理業務主任者証を亡失し、滅失し、汚損し、又は破損したときは、国土交通大臣に管理業務主任者証の再交付を申請することができる。
2　前項の規定による再交付を申請しようとする者は、管理業務主任者証再交付申請書に別記様式第二十五号による管理業務主任者証用写真を添付した管理業務主任者証再交付申請書を提出しなければならない。
3　汚損又は破損を理由とする管理業務主任者証の再交付は、汚損し、又は破損した管理業務主任者証と引換えに新たな管理業務主任者証を交付して行うものとする。
4　管理業務主任者は、管理業務主任者証の亡失によりその再交付を受けた後において、亡失した管理業務主任者証を発見したときは、速やかに、発見した管理業務主任者証を国土交通大臣に返納しなければならない。

3 管理業務主任者証の有効期間は、五年とする。

4 管理業務主任者は、前条第一項の登録が消除されたとき、又は管理業務主任者証がその効力を失ったときは、速やかに、管理業務主任者証を国土交通大臣に返納しなければならない。

5 管理業務主任者は、第六十四条第二項の規定による禁止の処分を受けたときは、速やかに、管理業務主任者証を国土交通大臣に提出しなければならない。

6 国土交通大臣は、前項の禁止の期間が満了した場合において、同項の規定により管理業務主任者証を提出した者から返還の請求があったときは、直ちに、当該管理業務主任者証を返還しなければならない。

(管理業務主任者証の有効期間の更新)

第六十一条　管理業務主任者証の有効期間は、申請により更新する。

2　前条第二項本文の規定は管理業務主任者証の有効期間の更新を受けようとする者について、同条第三項の規定は更新後の管理業

項」とあるのは「法第六十条第二項(法第六十一条第二項において準用する場合を含む。)」と、同条第一号ロ中「第四十九条」とあるのは「第七十五条において準用する第四十九条」と、第四十七条第一項中「法第四十一条第一項」とあるのは「法第六十条第二項」と、第四十八条中「第四十二条」とあるのは「第七十五条において準用する第四十二条」と、「第四十三条」とあるのは「第七十五条において準用する第四十三条」と、第四十九条第一項第一号中「法第四十一条第一項(法第六十一条第二項において準用する場合を含む。)」とあるのは「法第六十条第二項(法第六十一条第二項において準用する場合を含む。)」と、同項第二号中「第四十六条各号」とあるのは「第七十五条において準用する第四十六条各号」と読み替えるものとする。

「マンションの管理の適正化の推進に関する法律」・「同施行規則」全文対照表

2　管理業務主任者証の交付を受けようとする者は、国土交通大臣又はその指定する者が国土交通省令で定めるところにより行う講習で交付の申請の日前六月以内に行われるものを受けなければならない。ただし、試験に合格した日から一年以内に管理業務主任者証の交付を受けようとする者については、この限りでない。

2　管理業務主任者証の交付を申請しようとする者（試験に合格した後一年以内に交付を申請しようとする者を除く。）は、交付申請書に法第六十条第二項に規定する講習を受講した旨の証明書を添付し、又は管理業務主任者証交付申請書にその講習を受講した旨の証明書を添付しなければならない。

3　管理業務主任者証交付申請書の様式は、別記様式第二十一号によるものとする。

（管理業務主任者証の記載事項）
第七十四条　法第六十条第一項の国土交通省令で定める事項は、次のとおりとする。
一　管理業務主任者の住所
二　登録番号及び登録年月日
三　管理業務主任者証の交付年月日
四　管理業務主任者証の有効期間の満了する日
2　管理業務主任者証の様式は、別記様式第二十二号によるものとする。

（準用）
第七十五条　第四十二条、第四十三条及び第四十五条から第四十九条までの規定は、法第六十条第二項の規定により国土交通大臣又はその指定する者が行う講習について準用する。この場合において、第四十二条中「法第四十一条第一項」とあるのは「法第六十条第二項（法第六十一条第二項において準用する場合を含む。）」と、「別記様式第十号」とあるのは「別記様式第二十三号」と、「マンション管理士講習受講申込書」とあるのは「管理業務主任者講習受講申込書」と、第四十五条第一項中「法第四十一条第一項」とあるのは「法第六十条第二項（法第六十一条第二項において準用する場合を含む。）」と、第四十六条中「法第四十一条第一

（管理業務主任者証の交付等）
第六十条　前条第一項の登録を受けている者は、国土交通大臣に対し、氏名、生年月日その他国土交通省令で定める事項を記載した管理業務主任者証の交付を申請することができる。

２　管理業務主任者登録簿の様式は、別記様式第二十号によるものとする。

（管理業務主任者証交付の申請）
第七十三条　法第六十条第一項の規定により管理業務主任者証の交付を申請しようとする者は、次に掲げる事項を記載した管理業務主任者証交付申請書に交付の申請前六月以内に撮影した無帽、正面、上半身、無背景の縦の長さ三センチメートル、横の長さ二・四センチメートルの写真でその裏面に氏名及び撮影年月日を記入したもの（以下「管理業務主任者証用写真」という。）を添えて、国土交通大臣に提出しなければならない。

一　申請者の氏名、生年月日及び住所
二　登録番号
三　マンション管理業者の業務に従事している場合にあっては、当該マンション管理業者の商号又は名称及び登録番号
四　試験に合格した後一年を経過しているか否かの別

一　住所
二　本籍（日本の国籍を有しない者にあっては、その者の有する国籍）及び性別
三　試験の合格年月日及び合格証書番号
四　法第五十九条第一項の実務の経験を有する者である場合においては、申請時現在の実務の経験の期間及びその内容並びに従事していたマンション管理業者の商号又は名称及び登録番号
五　法第五十九条第一項の規定により能力を有すると認められた者である場合においては、当該認定の内容及び年月日
六　マンション管理業者の業務に従事する者にあっては、当該マンション管理業者の商号又は名称及び登録番号
七　登録番号及び登録年月日

2　前項の登録は、国土交通大臣が、管理業務主任者登録簿に、氏名、生年月日その他国土交通省令で定める事項を登載してするものとする。

のであることを証する書面
三　法第五十九条第一項第一号に規定する成年被後見人及び被保佐人に該当しない旨の登記事項証明書
四　民法の一部を改正する法律附則第三条第一項及び第二項の規定により法第五十九条第一項第一号に規定する成年被後見人及び被保佐人とみなされる者並びに破産者で復権を得ないものに該当しない旨の市町村の長の証明書
五　法第五十九条第一項第二号から第六号までに該当しない旨を誓約する書面
4　前項第二号の書面のうち法第五十九条第一項の実務の経験を有するものであることを証する書面及び前項第五号の誓約書の様式は、それぞれ別記様式第十八号及び別記様式第十九号によるものとする。

（登録の通知等）
第七十一条　国土交通大臣は、法第五十九条の規定により登録をしたときは、遅滞なく、その旨を当該登録に係る者に通知しなければならない。
2　国土交通大臣は、法第五十九条第一項の登録を受けようとする者が次の各号のいずれかに該当する者であるときは、その登録を拒否するとともに、遅滞なく、その理由を示して、その旨をその者に通知しなければならない。
一　法第五十九条第一項の実務の経験を有するもの又は同項の規定により能力を有すると認められたもの以外のもの
二　法第五十九条第一項各号のいずれかに該当する者

（管理業務主任者登録簿の登載事項）
第七十二条　法第五十九条第二項に規定する国土交通省令で定める事項は、次に掲げるものとする。

り、又は執行を受けることがなくなった日から二年を経過しない者

四　第三十三条第一項第二号又は第二項の規定によりマンション管理士の登録を取り消され、その取消しの日から二年を経過しない者

五　第六十五条第一項第二号から第四号まで又は同条第二項第二号若しくは第三号のいずれかに該当することにより登録を取り消され、その取消しの日から二年を経過しない者

六　第八十三条第二号又は第三号に該当することによりマンション管理業者の登録を取り消され、その取消しの日から二年を経過しない者（当該登録を取り消された者が法人である場合においては、当該取消しの日前三十日以内にその法人の役員であった者で当該取消しの日から二年を経過しないもの）

2　前項第一号の規定により国土交通大臣が指定する講習は、次のすべてに該当するものでなければならない。

一　マンションにおける良好な居住環境の確保を図ることを目的として民法第三十四条の規定により設立された法人で、講習を行うのに必要かつ適切な組織及び能力を有すると国土交通大臣が認める者が実施する講習であること。

二　正当な理由なく受講を制限する講習でないこと。

三　国土交通大臣が定める講習の実施要領に従って実施される講習であること。

（登録の申請）

第七十条　法第五十九条第一項の規定により管理業務主任者の登録を受けることができる者がその登録を受けようとするときは、別記様式第十七号による管理業務主任者登録申請書を国土交通大臣に提出しなければならない。

2　国土交通大臣は、前項の登録申請書の提出があったときは、遅滞なく、登録をしなければならない。

3　管理業務主任者登録申請書には、次に掲げる書類を添付しなければならない。ただし、第三号の書類のうち成年被後見人に該当しない旨の登記事項証明書については、その旨を証明した市町村長の証明書をもって代えることができる。

一　住民票の抄本又はこれに代わる書面

二　法第五十九条第一項の実務の経験により能力を有するものであることを証する書面又は同項の規定により能力を有すると認められたも

（登録）

第五十九条　試験に合格した者で、管理事務に関し国土交通省令で定める期間以上の実務の経験を有するもの又は国土交通大臣がその実務の経験を有するものと同等以上の能力を有すると認めたものは、国土交通大臣の登録を受けることができる。ただし、次の各号のいずれかに該当する者については、この限りでない。

一　成年被後見人若しくは被保佐人又は破産者で復権を得ないもの

二　禁錮以上の刑に処せられ、その執行を終わり、又は執行を受けることがなくなった日から二年を経過しない者

三　この法律の規定により罰金の刑に処せられ、その執行を終わ

十六条第三項」と、第十九条第一項中「法第十七条第一項」とあるのは「法第五十八条第三項において準用する法第十七条第一項」と、同条第二項中「法第九条第一項」とあるのは「法第五十八条第三項において準用する法第九条第二項」と、第二十条第一項及び第三項中「法第十九条」とあるのは「法第五十八条第三項において準用する法第十九条」と、第二十二条中「法第二十二条第二項」とあるのは「法第五十八条第三項において準用する法第二十二条第二項」と、「別記様式第二号」とあるのは「別記様式第十六号」と、第二十三条中「法第二十三条第一項」とあるのは「法第五十八条第三項において準用する法第二十三条第一項」と、第二十四条中「法第二十三条」とあるのは「法第五十八条第三項において準用する法第二十三条」と、「法第二十四条」とあるのは「法第五十八条第三項において準用する法第二十四条」と、「法第二十七条第二項」とあるのは「法第五十八条第三項において準用する法第二十七条第二項」と読み替えるものとする。

第四節　管理業務主任者の登録

（法第五十九条第一項の国土交通省令で定める期間）

第六十八条　法第五十九条第一項の国土交通省令で定める期間は、二年とする。

（法第五十九条第一項の国土交通大臣が実務の経験を有するものと同等以上の能力を有すると認めたもの）

第六十九条　法第五十九条第一項の規定により国土交通大臣がその実務の経験を有するものと同等以上の能力を有すると認めた者は、次のいずれかに該当する者であることとする。

一　管理事務に関する実務についての講習であって、国土交通大臣が指定するものを修了した者

二　国、地方公共団体又は国もしくは地方公共団体の出資により

（指定試験機関の指定等）

第五十八条　国土交通大臣は、国土交通省令で定めるところにより、その指定する者（以下この節において「指定試験機関」という。）に、試験の実施に関する事務（以下この節において「試験事務」という。）を行わせることができる。

2　指定試験機関の指定は、国土交通省令で定めるところにより、試験事務を行おうとする者の申請により行う。

3　第十一条第三項及び第四項並びに第十二条から第二十八条までの規定は、指定試験機関について準用する。この場合において、第十一条第三項中「前項」とあり、及び同条第四項各号列記以外の部分中「第二項」とあるのは「第五十八条第二項」と、第十六条第一項中「マンション管理士として」とあるのは「管理業務主任者として」と、「マンション管理士試験委員」とあるのは「管理業務主任者試験委員」と、第二十四条第二項第七号、第二十五条第一項及び第二十八条第一号中「第十一条第一項」とあるのは「第五十八条第一項」と読み替えるものとする。

（準用）

第六十七条　第五条から第二十四条までの規定は、試験及び法第五十八条第一項に規定する指定試験機関について準用する。この場合において、第六条中「別記様式第一号」とあるのは「別記様式第十五号」と、「マンション管理士試験受験申込書」とあるのは「管理業務主任者試験受験申込書」と、第九条中「法第十条第一項」とあるのは「法第五十七条において準用する法第十条第一項」と、第十条第一項中「法第十一条第二項」とあるのは、同項第二号中「法第十一条第一項」とあるのは「法第五十八条第一項」と、第十二条中「法第十一条第一項」とあるのは「法第五十八条第一項」と、第十三条第一項中「法第十四条第一項前段」とあるのは「法第五十八条第三項において準用する法第十四条第一項前段」と、同項第二項中「法第十四条第一項後段」とあるのは「法第五十八条第三項において準用する法第十四条第一項後段」と、第十四条第一項中「法第十五条第一項前段」とあるのは「法第五十八条第三項において準用する法第十五条第一項前段」と、同条第二項中「法第十五条第一項後段」とあるのは「法第五十八条第三項において準用する法第十五条第一項後段」と、第十五条第三項において準用する法第十五条第二項」とあるのは「法第五十八条第三項において準用する法第十五条第二項」と、同条第五項中「マンション管理士試験委員」とあるのは「管理業務主任者試験委員」と、第十六条中「法第十六条第二項」とあるのは「法第五十八条第三項において準用する法第十六条第二項」と、同条第二号中「法第十六条各号」とあるのは「法第五十八条第三項において準用する法第十六条各号」と、第十七条中「法第十六条第三項」とあるのは「法第五十八条第三項において準用する法第

してはならず、既存の事務所が同項の規定に抵触するに至ったときは、二週間以内に、同項の規定に適合させるため必要な措置をとらなければならない。

（試験）
第五十七条　管理業務主任者試験（以下この節において「試験」という。）は、管理業務主任者として必要な知識について行う。

2　第七条第二項及び第八条から第十条までの規定は、試験について準用する。

第三節　管理業務主任者試験

（試験の基準）
第六十三条　管理業務主任者試験（以下この節において「試験」という。）は、マンション管理業に関する実用的な知識を有するかどうかを判定することに基準を置くものとする。

（試験の内容）
第六十四条　前条の基準によって試験すべき事項は、おおむね次のとおりである。
一　管理事務の委託契約に関すること。
二　管理組合の会計の収入及び支出の調定並びに出納に関すること。
三　建物及び附属設備の維持又は修繕に関する企画又は実施の調整に関すること。
四　マンションの管理の適正化の推進に関する法律に関すること。
五　前各号に掲げるもののほか、管理事務の実施に関すること。

（法第五十七条第二項において準用する法第七条第二項の国土交通省令で定める資格）
第六十五条　法第五十七条第二項の国土交通省令で定める資格により準用する法第七条第二項の国土交通省令で定める資格を有する者は、法第六十条に規定するマンション管理士試験に合格した者とする。

（試験の一部免除）
第六十六条　マンション管理士試験に合格した者については、第六十四条に掲げる試験すべき事項のうち同条第四号に掲げるものを

して政令で定める額の手数料を、それぞれ国に納付しなければならない。

（無登録営業の禁止）
第五十三条　マンション管理業の登録を受けない者は、マンション管理業を営んではならない。

（名義貸しの禁止）
第五十四条　マンション管理業者は、自己の名義をもって、他人にマンション管理業を営ませてはならない。

（国土交通省令への委任）
第五十五条　この節に定めるもののほか、マンション管理業者の登録に関し必要な事項は、国土交通省令で定める。

　　　第二節　管理業務主任者

（管理業務主任者の設置）
第五十六条　マンション管理業者は、その事務所ごとに、事務所の規模を考慮して国土交通省令で定める数の成年者である専任の管理業務主任者を置かなければならない。ただし、人の居住の用に供する独立部分（区分所有法第一条に規定する建物の部分をいう。以下同じ。）が国土交通省令で定める数以上である第二条第一号イに掲げる建物の区分所有者を構成員に含む管理組合から委託を受けて行う管理事務を、その業務としない事務所については、この限りでない。

2　前項の場合において、マンション管理業者（法人である場合においては、その役員）が管理業務主任者であるときは、その者が自ら主として業務に従事する事務所については、その者は、その事務所に置かれる成年者である専任の管理業務主任者とみなす。

3　マンション管理業者は、第一項の規定に抵触する事務所を開設

（法第五十六条第一項の国土交通省令で定める管理業務主任者の数）
第六十一条　法第五十六条第一項のマンション管理業者が管理事務の委託を受けた管理組合の数を三十で除したもの（一未満の端数は切り上げる。）以上とする。

（法第五十六条第一項の国土交通省令で定める人の居住の用に供する独立部分の数）
第六十二条　法第五十六条第一項の国土交通省令で定める人の居住の用に供する独立部分の数は、六とする。

（廃業等の届出）
第五十条　マンション管理業者が次の各号のいずれかに該当することとなった場合においては、当該各号に定める者は、その日（第一号の場合にあっては、その事実を知った日）から三十日以内に、その旨を国土交通大臣に届け出なければならない。
一　死亡した場合　その相続人
二　法人が合併により消滅した場合　その法人を代表する役員であった者
三　破産した場合　その破産管財人
四　法人が合併及び破産以外の理由により解散した場合　その清算人
五　マンション管理業を廃止した場合　マンション管理業者であった個人又はマンション管理業者であった法人を代表する役員
2　マンション管理業者が前項各号のいずれかに該当するに至ったときは、マンション管理業者の登録は、その効力を失う。

（登録の消除）
第五十一条　国土交通大臣は、マンション管理業者の登録がその効力を失ったときは、その登録を消除しなければならない。

（登録免許税及び手数料）
第五十二条　第四十四条第一項の規定により登録を受けようとする者は、登録免許税法の定めるところにより登録免許税を、同条第三項の規定により更新の登録を受けようとする者は、実費を勘案

第五十八条　法第四十九条に規定する国土交通省令で定める書類は、法第四十五条の規定による登録の申請及び法第四十八条第一項の規定による変更の届出に係る書類とする。

（廃業等の手続）
第五十九条　法第五十条第一項の規定による廃業等の届出は、別記様式第十四号による廃業等届出書により行うものとする。

（登録申請手数料の納付方法）
第六十条　法第五十二条に規定する手数料は、登録申請書に収入印紙をはって納付するものとする。

(登録事項の変更の届出)

第四十八条　マンション管理業者は、第四十五条第一項各号に掲げる事項に変更があったときは、その日から三十日以内に、その旨を国土交通大臣に届け出なければならない。

2　国土交通大臣は、前項の規定による届出を受理したときは、当該届出に係る事項が前条第七号から第九号までのいずれかに該当する場合を除き、届出があった事項をマンション管理業者登録簿に登録しなければならない。

3　第四十五条第二項の規定は、第一項の規定による届出について準用する。

(マンション管理業者登録簿等の閲覧)

第四十九条　国土交通大臣は、国土交通省令で定めるところにより、マンション管理業者登録簿その他国土交通省令で定める書類を一般の閲覧に供しなければならない。

2　前項の場合において、資産又は負債の評価額が基準資産表に計上された価額と異なることが明確であるときは、当該資産又は負債の価額は、その評価額によって計算するものとする。

3　第一項の規定にかかわらず、前二項の規定により算定される額に増減があったことが明確であるときは、当該増減後の額を基準資産額とするものとする。

(変更の手続)

第五十六条　法第四十八条第一項の規定による変更の届出は、別記様式第十三号による登録事項変更届出書により行うものとする。

2　法第四十八条第三項において準用する法第四十五条第二項の国土交通省令で定める書類は、法第四十八条第一項の規定による変更が法人の役員若しくは交代又は事務所に置かれる専任の管理業務主任者の増員若しくは交代又は事務所の新設若しくは移転によるものであるときは、その届出に係る者又は事務所に関する第五十三条第一項第二号から第四号まで及び第六号に掲げる書類とする。

(登録簿等の閲覧)

第五十七条　国土交通大臣は、法第四十九条の規定によりマンション管理業者登録簿その他次条で定める書類を一般の閲覧に供するため、マンション管理業者登録簿閲覧所(以下「閲覧所」という。)を設けなければならない。

2　国土交通大臣は、前項の規定により閲覧所を設けたときは、当該閲覧所の閲覧規則を定めるとともに、当該閲覧所の場所及び閲

二 第八十三条の規定により登録を取り消され、その取消しの日から二年を経過しない者
三 マンション管理業者で法人であるものが第八十三条の規定により登録を取り消された場合において、その取消しの日前三十日以内にそのマンション管理業者の役員であった者でその取消しの日から二年を経過しないもの
四 第八十二条の規定により業務の停止を命ぜられ、その停止の期間が経過しない者
五 禁錮以上の刑に処せられ、その執行を終わり、又は執行を受けることがなくなった日から二年を経過しない者
六 この法律の規定により罰金の刑に処せられ、その執行を終わり、又は執行を受けることがなくなった日から二年を経過しない者
七 マンション管理業に関し成年者と同一の能力を有しない未成年者でその法定代理人が前各号のいずれかに該当するもの
八 法人でその役員のうちに第一号から第六号までのいずれかに該当する者があるもの
九 事務所について第五十六条に規定する要件を欠く者
十 マンション管理業を遂行するために必要と認められる国土交通省令で定める基準に適合する財産的基礎を有しない者

（財産的基礎）
第五十四条 法第四十七条第十号の国土交通省令で定める基準は、次条に定めるところにより算定した資産額（以下「基準資産額」という。）が、三百万円以上であることとする。
第五十五条 基準資産額は、第五十三条第一項第七号又は第八号に規定する貸借対照表又は資産に関する調書（以下「基準資産表」という。）に計上された資産（創業費その他の繰延資産及び営業権を除く。以下同じ。）の総額から当該基準資産表に計上された負債の総額に相当する金額を控除した額とする。

（登録の実施）

第四十六条　国土交通大臣は、前条の規定による書類の提出があったときは、次条の規定により登録を拒否する場合を除くほか、遅滞なく、次に掲げる事項をマンション管理業者登録簿に登録しなければならない。

一　前条第一項各号に掲げる事項

二　登録年月日及び登録番号

2　国土交通大臣は、前項の規定による登録をしたときは、遅滞なく、その旨を登録申請者に通知しなければならない。

（登録の拒否）

第四十七条　国土交通大臣は、登録申請者が次の各号のいずれかに該当するとき、又は登録申請書若しくはその添付書類のうちに重要な事項について虚偽の記載があり、若しくは重要な事実の記載が欠けているときは、その登録を拒否しなければならない。

一　成年被後見人若しくは被保佐人又は破産者で復権を得ないもの

十二　マンション管理業者が第三者との間で締結する契約であって、当該マンション管理業者が管理組合に対して、法第七十六条に規定する修繕積立金及び第八十七条第一項に規定する財産（以下「修繕積立金等」という。）が金銭である場合における当該金銭（以下「修繕積立金等金銭」という。）の返還債務を負うこととなったときに当該第三者がその返還債務を保証することを内容とするもの（以下「保証契約」という。）を締結した場合においては、当該契約に関する事項を記載した書面

法第四十五条第二項並びに前項第一号、第二号、第五号、第六号、第八号及び第十二号に掲げる添付書類の様式は、別記様式第十二号によるものとする。

いることを証する書面

三　登録申請者（法人である場合においてはその役員（相談役及び顧問を含む。）をいい、営業に関し成年者と同一の能力を有しない未成年者である場合においてはその法定代理人を含む。以下本条において同じ。）及び事務所ごとに置かれる専任の管理業務主任者が、成年被後見人及び被保佐人に該当しない旨の登記事項証明書

四　登録申請者及び事務所ごとに置かれる専任の管理業務主任者が、民法の一部を改正する法律附則第三条第一項及び第二項の規定により成年被後見人及び被保佐人とみなされる者並びに破産者で復権を得ないものに該当しない旨の市町村の長の証明書

五　法人である場合においては、相談役及び顧問の氏名及び住所並びに発行済株式総数の百分の五以上の株式を有する者の氏名又は名称、住所及びその有する株式の数又は出資の額の百分の五以上の額に相当する出資をしている者のなした出資の金額を記載した書面

六　登録申請者、事務所ごとに置かれる専任の管理業務主任者の略歴を記載した書面

七　法人である場合においては、直前一年の各事業年度の貸借対照表及び損益計算書

八　個人である場合においては、資産に関する調書

九　法人である場合においては法人税、個人である場合においては所得税の直前一年の各年度における納付すべき額及び納付済額を証する書面

十　法人である場合においては、登記簿謄本

十一　個人である場合においては、住民票の抄本又はこれに代わる書面

（登録の申請）
第四十五条　前条第一項又は第三項の規定により登録を受けようとする者（以下「登録申請者」という。）は、国土交通大臣に次に掲げる事項を記載した登録申請書を提出しなければならない。
一　商号、名称又は氏名及び住所
二　事務所（本店、支店その他の国土交通省令で定めるものをいう。以下この章において同じ。）の名称及び所在地並びに当該事務所が第五十六条第一項ただし書に規定する事務所であるかどうかの別
三　法人である場合においては、その役員の氏名
四　未成年者である場合においては、その法定代理人の氏名及び住所
五　第五十六条第一項の規定により第二号の事務所ごとに置かれる専任の管理業務主任者（同条第二項の規定によりその者とみなされる者を含む。）の氏名
2　前項の登録申請書には、登録申請者が第四十七条各号のいずれにも該当しない者であることを誓約する書面その他国土交通省令で定める書類を添付しなければならない。

（登録申請書）
第五十一条　法第四十五条第一項に規定する登録申請書（以下この節において、単に「登録申請書」という。）の様式は、別記様式第十一号によるものとする。

（法第四十五条第一項第二号の事務所）
第五十二条　法第四十五条第一項第二号の事務所は、次に掲げるものとする。
一　本店又は支店（商人以外の者にあっては、主たる事務所又は従たる事務所）
二　前号に掲げるもののほか、継続的に業務を行うことができる施設を有する場所で、マンション管理業に係る契約の締結又は履行に関する権限を有する使用人を置くもの

（添付書類）
第五十三条　法第四十五条第二項に規定する国土交通省令で定める書類は、次に掲げるものとする。ただし、第三号の書類のうち成年被後見人に該当しない旨の登記事項証明書については、その旨を証明した市町村の長の証明書をもって代えることができる。
一　マンション管理業経歴書
二　事務所について法第五十六条第一項に規定する要件を備えて

（秘密保持義務）

第四十二条　マンション管理士は、正当な理由がなく、その業務に関して知り得た秘密を漏らしてはならない。マンション管理士でなくなった後においても、同様とする。

（名称の使用制限）

第四十三条　マンション管理士でない者は、マンション管理士又はこれに紛らわしい名称を使用してはならない。

第三章　マンション管理業

　　第一節　登録

（登録）

第四十四条　マンション管理業を営もうとする者は、国土交通省に備えるマンション管理業者登録簿に登録を受けなければならない。

2　マンション管理業の登録の有効期間は、五年とする。

3　前項の有効期間の満了後引き続きマンション管理業を営もうとする者は、更新の登録を受けなければならない。

4　更新の登録の申請があった場合において、第二項の有効期間の満了の日までにその申請に対する処分がなされないときは、従前の登録は、同項の有効期間の満了後もその処分がなされるまでの間は、なお効力を有する。

5　前項の場合において、更新の登録がなされたときは、その登録の有効期間は、従前の登録の有効期間の満了の日の翌日から起算

は、その旨を公示しなければならない。

第二章　マンション管理業

　　第一節　マンション管理業の登録

（更新の登録の申請期間）

第五十条　法第四十四条第三項の規定により同項の更新の登録を受けようとする者は、登録の有効期間満了の日の九十日前から三十日前までの間に登録申請書を提出しなければならない。

六　講習の業務以外の業務を行っているときは、その業務を行うことによって講習が不公正になるおそれがないこと。

七　国土交通大臣が定める講習の実施要領に従って講習を実施すること。

(指定の公示等)

第四十七条　国土交通大臣は、法第四十一条第一項の規定による指定をしたときは、当該指定をした者(以下この節において「指定講習機関」という。)の名称及び主たる事務所の所在地並びに当該指定をした日を公示しなければならない。

2　指定講習機関は、その名称又は主たる事務所の所在地を変更しようとするときは、変更しようとする日の二週間前までに、その旨を国土交通大臣に届け出なければならない。

3　国土交通大臣は、前項の規定による届出があったときは、その旨を公示しなければならない。

(規定の適用)

第四十八条　指定講習機関が講習を行う場合における第四十二条及び第四十三条の規定の適用については、「国土交通大臣」とあるのは「指定講習機関」とする。

(指定の取消し等)

第四十九条　国土交通大臣は、指定講習機関が、次の各号のいずれかに該当すると認めるときは、その指定を取り消すことができる。

一　不正の手段により法第四十一条第一項の規定による指定を受けたとき。

二　第四十六条各号(第一号ロを除く。)に適合しなくなったとき。

2　国土交通大臣は、前項の規定による指定の取消しをしたとき

三　申請の日の属する事業年度及び翌事業年度における事業計画書及び収支予算書

該事業年度末の財産目録

四　役員の氏名及び略歴を記載した書類

五　講習を受けることができる者の資格その他の講習の業務の実施の方法に関する計画を記載した書類

六　講習の業務以外の業務を行っているときは、その業務の種類及び概要を記載した書類

（指定の基準）

第四十六条　法第四十一条第一項の規定による指定は、次に掲げる基準に適合していると認められるものについて行う。

一　次のイからハまでのいずれにも該当しない者であること。

イ　法の規定に違反したことにより、罰金以上の刑に処せられ、その執行を終わり、又は執行を受けることがなくなった日から起算して二年を経過しない者

ロ　第四十九条の規定により指定を取り消され、その取消しの日から起算して二年を経過しない者

ハ　その役員のうちに、イに該当する者がある者

二　マンションにおける良好な居住環境の確保を図ることを目的として民法（明治二十九年法律第八十九号）第三十四条の規定により設立された法人であること。

三　講習の業務の実施の方法に関する計画が講習の業務の適正かつ確実な実施のために適切であること。

四　前号の講習の業務の実施に関する計画の適正かつ確実な実施に必要かつ適切な組織及び能力を有すること。

五　講習を受けることができる者の資格が正当な理由なく受講を制限するものでないこと。

（講習）

第四十一条　マンション管理士は、国土交通省令で定める期間ごとに、国土交通大臣又はその指定する者が国土交通省令で定めるところにより行う講習を受けなければならない。

2　前項の講習（国土交通大臣が行うものに限る。）を受けようとする者は、実費を勘案して政令で定める額の手数料を国に納付しなければならない。

（法第四十一条第一項の国土交通省令で定める期間）

第四十一条　法第四十一条第一項の国土交通省令で定める期間は、五年とする。

（受講手続）

第四十二条　法第四十一条第一項に規定する講習（以下この節において、単に「講習」という。）を受講しようとする者は、別記様式第十号によるマンション管理士講習受講申込書を国土交通大臣に提出しなければならない。

（講習の修了）

第四十三条　国土交通大臣は、その行う講習の課程を修了した者に対して、講習の課程を修了したことを証する書面を交付するものとする。

（講習手数料の納付）

第四十四条　法第四十一条第二項に規定する手数料は、第四十二条に規定するマンション管理士講習受講申込書に収入印紙をはって納付するものとする。

（指定の申請）

第四十五条　法第四十一条第一項の規定による指定を受けようとする者は、次に掲げる事項を記載した申請書を国土交通大臣に提出しなければならない。

一　名称及び住所並びに代表者の氏名
二　講習の業務を行おうとする事務所の名称及び所在地
三　講習の業務を開始しようとする年月日

2　前項の申請書には、次に掲げる書類を添付しなければならない。

一　定款又は寄附行為及び登記簿の謄本
二　申請の日の属する事業年度の前事業年度の貸借対照表及び当

（国土交通省令への委任）
第三十九条　この節に定めるもののほか、マンション管理士の登録、指定登録機関その他この節の規定の施行に関し必要な事項は、国土交通省令で定める。

　　　第四節　義務等

（信用失墜行為の禁止）
第四十条　マンション管理士は、マンション管理士の信用を傷つけるような行為をしてはならない。

項前段」とあるのは「法第三十八条において準用する法第十四条第一項前段」と、同条第二項中「法第十四条第一項後段」とあるのは「法第三十八条において準用する法第十四条第一項後段」と、第十四条第一項中「法第十五条第一項前段」とあるのは「法第三十八条において準用する法第十五条第一項前段」と、「試験事務規程」とあるのは「登録事務規程」と、同条第二項中「法第十五条第一項後段」とあるのは「法第三十八条において準用する法第十五条第一項後段」と、第二十一条第二項中「法第二十二条第二項」とあるのは「法第三十八条において準用する法第二十二条第二項」と、「別記様式第九号」とあるのは「別記様式第二十二号」と、第二十三条中「法第二十三条第一項」とあるのは「法第三十八条において準用する法第二十三条第一項」と、第二十四条中「法第二十四条」とあるのは「法第三十八条において準用する法第二十四条」と、「法第三十八条において準用する法第二十七条第二項」とあるのは「、書類及びマンション管理士登録簿」と読み替えるものとする。

　　　第三節　マンション管理士の講習

3　法第三十八条に規定する帳簿（前項の規定による記録が行われた同項の法第十九条に規定する帳簿（前項の規定による記録が行われた同項のファイル又は磁気ディスクを含む。）は、登録事務を廃止するまで保存しなければならない。

(登録状況の報告)

第三十八条　指定登録機関は、事業年度の各四半期の経過後遅滞なく、当該四半期における登録の件数、登録事項の変更の届出の件数、登録の消除の件数、登録証の訂正及び再交付の件数並びに当該四半期の末日において登録を受けている者の人数を記載した登録状況報告書を国土交通大臣に提出しなければならない。

(不正登録者の報告)

第三十九条　指定登録機関は、マンション管理士が偽りその他不正の手段により登録を受けたと思料するときは、直ちに、次に掲げる事項を記載した報告書を国土交通大臣に提出しなければならない。

一　当該マンション管理士に係る登録事項
二　偽りその他不正の手段

(準用)

第四十条　第十条から第十四条まで及び第二十二条までの規定は、指定登録機関について準用する。この場合において、これらの規定（第十二条から第十四条まで及び第二十二条の規定を除く。）中「試験事務」とあるのは「登録事務」と、第十条第一項中「法第十一条第二項」とあるのは「法第三十六条第二項」と、同項第二号中「法第十一条第一項」とあるのは「法第三十六条第一項」と、「試験」とあるのは「登録」と、第十二条中「法第十三条第一項」とあるのは「法第三十八条において準用する法第十三条第一項中「法第十四条第一

（準用）

第三十八条　第十一条第三項及び第四項、第十二条から第十五条まで並びに第十八条から第二十八条までの規定は、指定登録機関について準用する。この場合において、これらの規定中「試験事務」とあるのは「登録事務」と、「試験事務規程」とあるのは「登録事務規程」と、第十一条第三項中「前項」とあり、及び同条第四項各号列記以外の部分中「第二項」とあるのは「第三十六条第二項」と、第二十四条第二項第七号、第二十五条第一項及び第二十八条第一号中「第十一条第一項」とあるのは「第三十六条第一項」と読み替えるものとする。

通大臣は、法第三十三条の規定によりマンション管理士の登録を取り消し、又は期間を定めてマンション管理士の名称の使用の停止を命じたときは、その旨を指定登録機関に通知しなければならない。

（登録事務規程の記載事項）

第三十六条　法第三十八条において準用する法第十五条第二項の国土交通省令で定める事項は、次のとおりとする。

一　登録事務を行う時間及び休日に関する事項
二　登録事務を行う事務所に関する事項
三　登録事務の実施の方法に関する事項
四　手数料の収納の方法に関する事項
五　登録事務に関する秘密の保持に関する事項
六　登録事務に関する帳簿及び書類並びにマンション管理士登録簿の管理に関する事項
七　その他登録事務の実施に関し必要な事項

（帳簿の備付け等）

第三十七条　法第三十八条において準用する法第十九条に規定する国土交通省令で定める事項は、次のとおりとする。

一　各月における登録の件数
二　各月における登録事項の変更の届出の件数
三　各月における登録の消除の件数
四　各月における登録証の訂正及び再交付の件数
五　各月の末日において登録を受けている者の人数

2　前項各号に掲げる事項が、電子計算機に備えられたファイル又は磁気ディスクに記録され、必要に応じ指定登録機関において電子計算機その他の機器を用いて明確に紙面に表示されるときは、当該記録をもって法第三十八条において準用する法第十九条に規

第三十四条　法第三十六条第一項に規定する指定登録機関（以下この条、第三十一条、第三十二条第一項、第三十四条及び第三十五条第二項の規定の適用については、これらの規定中「国土交通大臣」とあり、及び「国」とあるのは、「指定登録機関」とする。

の節において、単に「指定登録機関」という。）がマンション管理士の登録の実施に関する事務（以下この節において「登録事務」という。）を行う場合における第二十五条第一項、第二十八条、第二十九条第一項及び第四項、第三十条第二項、第三十一条、第三十二条並びに第三十三条第一項の規定の適用については、これらの規定（第三十三条第一項を除く。）中「国土交通大臣」とあるのは「指定登録機関」と、第二十五条第一項中「法第三十条第一項」とあるのは「法第三十七条第一項の規定により読み替えて適用する法第三十条第一項」と、第三十二条中「法第三十三条第一項若しくは第二項の規定により」とあるのは「法第三十三条第一項若しくは第二項の規定により国土交通大臣が」と、第三十三条第一項中「停止をした」とあるのは「停止があった」と、「法第三十五条第二項」とあるのは「法第三十七条第一項の規定により読み替えて適用する法第三十五条第二項及び法第三十七条第二項」と、「変更届出書又は再交付申請書に、それぞれ収入印紙をはって」とあるのは「法第三十八条において準用する法第十五条第一項に規定する登録事務規程で定めるところにより」とする。

2　指定登録機関が登録を行う場合において、マンション管理士の登録を受けようとする者は、実費を勘案して政令で定める額の手数料を指定登録機関に納付しなければならない。

3　第一項の規定により読み替えて適用する第三十五条第二項及び前項の規定により指定登録機関に納付された手数料は、指定登録機関の収入とする。

（指定登録機関への通知）

第三十五条　指定登録機関が登録事務を行う場合において、国土交

（登録簿の登録の訂正等）

第三十二条　国土交通大臣は、第十八条の届出があったとき、第三十一条の届出があったとき、又は法第三十三条第一項若しくは第二項の規定によりマンション管理士の登録を取り消し、若しくはマンション管理士の名称の使用の停止を命じたときは、マンション管理士登録簿の当該マンション管理士に関する登録を訂正し、若しくは消除し、又は当該マンション管理士登録簿に記載するとともに、それぞれ登録の訂正若しくは消除又は名称の使用の停止をした旨をマンション管理士登録簿に記載するとともに、それぞれ登録の訂正若しくは消除又は名称の使用の停止の理由及びその年月日を記載するものとする。

（登録証の再交付等に係る手数料の納付）

第三十三条　法第三十五条第二項に規定する手数料は、変更届出書又は再交付申請書に、それぞれ収入印紙をはって納付するものとする。

2　前項の規定により納付された手数料は、これを返還しない。

（登録免許税及び手数料）

第三十五条　マンション管理士の登録を受けようとする者は、登録免許税法（昭和四十二年法律第三十五号）の定めるところにより登録免許税を国に納付しなければならない。

2　登録証の再交付又は訂正を受けようとする者は、実費を勘案して政令で定める額の手数料を国に納付しなければならない。

（指定登録機関の指定等）

第三十六条　国土交通大臣は、国土交通省令で定めるところにより、その指定する者（以下「指定登録機関」という。）に、マンション管理士の登録の実施に関する事務（以下「登録事務」という。）を行わせることができる。

2　指定登録機関の指定は、国土交通省令で定めるところにより、登録事務を行おうとする者の申請により行う。

（規定の適用）

第三十七条　指定登録機関が登録事務を行う場合における第三十

（登録の取消し等）

第三十三条　国土交通大臣は、マンション管理士が次の各号のいずれかに該当するときは、その登録を取り消さなければならない。

一　第三十条第一項各号（第四号を除く。）のいずれかに該当するに至ったとき。

二　偽りその他不正の手段により登録を受けたとき。

2　国土交通大臣は、マンション管理士が第四十条、第四十一条第一項又は第四十二条の規定に違反したときは、その登録を取り消し、又は期間を定めてマンション管理士の名称の使用の停止を命ずることができる。

（登録の消除）

第三十四条　国土交通大臣は、マンション管理士の登録がその効力を失ったときは、その登録を消除しなければならない。

（登録の取消しの通知等）

第三十条　国土交通大臣は、法第三十三条の規定によりマンション管理士の登録を取り消し、又はマンション管理士の名称の使用の停止を命じたときは、理由を付し、その旨を登録の取消し又は名称の使用の停止の処分を受けた者に通知しなければならない。

2　法第三十三条の規定によりマンション管理士の登録を取り消された者は、前項の通知を受けた日から起算して十日以内に、登録証を国土交通大臣に返納しなければならない。

（死亡等の届出）

第三十一条　マンション管理士が次の各号のいずれかに該当するに至った場合には、当該マンション管理士又は戸籍法（昭和二十二年法律第二百二十四号）に規定する届出義務者若しくは法定代理人は、遅滞なく、登録証を添え、その旨を国土交通大臣に届け出なければならない。

一　死亡し、又は失踪の宣告を受けた場合

二　法第三十条各号（第四号を除く。）のいずれかに該当するに至った場合

請書」という。）を提出しなければならない。

3　汚損又は破損を理由とする登録証の再交付は、汚損し、又は破損した登録証と引換えに新たな登録証を交付して行うものとする。

4　マンション管理士は、登録証の亡失によりその再交付を受けた後において、亡失した登録証を発見したときは、速やかに、発見した登録証を国土交通大臣に返納しなければならない。

法律

2　前項の登録は、国土交通大臣が、マンション管理士登録簿に、氏名、生年月日その他国土交通省令で定める事項を登載してするものとする。

（マンション管理士登録証）
第三十一条　国土交通大臣は、マンション管理士の登録をしたときは、申請者に前条第二項に規定する事項を記載したマンション管理士登録証（以下「登録証」という。）を交付する。

（登録事項の変更の届出等）
第三十二条　マンション管理士は、第三十一条第二項に規定する事項に変更があったときは、遅滞なく、その旨を国土交通大臣に届け出なければならない。

2　マンション管理士は、前項の規定による届出をするときは、当該届出に登録証を添えて提出し、その訂正を受けなければならない。

施行規則

（マンション管理士登録簿の登載事項）
第二十六条　法第三十条第二項に規定する国土交通省令で定める事項は、次に掲げるものとする。
一　住所
二　本籍（日本の国籍を有しない者にあっては、その者の有する国籍）及び性別
三　試験の合格年月日及び合格証書番号
四　登録番号及び登録年月日

2　マンション管理士登録簿の様式は、別記様式第五号によるものとする。

（マンション管理士登録証）
第二十七条　マンション管理士登録証（以下「登録証」という。）の様式は、別記様式第六号によるものとする。

（登録事項の変更の届出）
第二十八条　マンション管理士は、法第三十条第二項に規定する事項に変更があったときは、別記様式第七号による登録事項変更届出書（以下この節において「変更届出書」という。）を国土交通大臣に提出しなければならない。

（登録証再交付の申請等）
第二十九条　マンション管理士は、登録証を亡失し、滅失し、汚損し、又は破損したときは、国土交通大臣に登録証の再交付を申請することができる。

2　前項の規定による再交付を申請しようとする者は、別記様式第八号による登録証再交付申請書（以下この節において「再交付申

PART 3 マンション管理士のための法規集

第二十九条 この節に定めるもののほか、試験、指定試験機関その他この節の規定の施行に関し必要な事項は、国土交通省令で定める。

第三節　登録

（登録）

第三十条　マンション管理士となる資格を有する者は、国土交通大臣の登録を受けることができる。ただし、次の各号のいずれかに該当する者については、この限りでない。

一　成年被後見人又は被保佐人

二　禁錮以上の刑に処せられ、その執行を終わり、又は執行を受けることがなくなった日から二年を経過しない者

三　この法律の規定により罰金の刑に処せられ、その執行を終わり、又は執行を受けることがなくなった日から二年を経過しない者

四　第三十三条第一項第二号又は第二項の規定により登録を取り消され、その取消しの日から二年を経過しない者

五　第六十五条第一項第二号から第四号まで又は同条第二項第二号若しくは第三号のいずれかに該当することにより第五十九条第一項の登録を取り消され、その取消しの日から二年を経過しない者

六　第八十三条第二号又は第三号に該当することによりマンション管理業者の登録を取り消され、その取消しの日から二年を経過しない者（当該登録を取り消された者が法人である場合においては、当該取消しの日前三十日以内にその法人の役員（業務を執行する社員、取締役又はこれらに準ずる者をいう。第三章において同じ。）であった者で当該取消しの日から二年を経過しないもの）

第二節　マンション管理士の登録

（登録の申請）

第二十五条　法第三十条第一項の規定によりマンション管理士の登録を受けようとする者は、別記様式第三号によるマンション管理士登録申請書を国土交通大臣に提出しなければならない。

2　マンション管理士登録申請書には、次に掲げる書類を添付しなければならない。ただし、第二号の書類のうち、成年被後見人に該当しない旨の登記事項証明書については、その旨を証明した市町村（特別区を含む。以下同じ。）の長の証明書をもって代えることができる。

一　住民票の抄本又はこれに代わる書面

二　成年被後見人及び被保佐人に該当しない旨の登記事項証明書（後見登記等に関する法律（平成十一年法律第百五十二号）第十条第一項に規定する登記事項証明書をいう。以下同じ。）

三　民法の一部を改正する法律（平成十一年法律第百四十九号）附則第三条第一項及び第二項の規定により成年被後見人及び被保佐人とみなされる者に該当しない旨の市町村の長の証明書

四　法第三十条第一項第二号から第六号までに該当しない旨を誓約する書面

3　前項第四号の誓約書の様式は、別記様式第四号によるものとする。

法律	施行規則
（指定試験機関がした処分等に係る不服申立て） 第二十六条　指定試験機関が行う試験事務に係る処分又はその不作為について不服がある者は、国土交通大臣に対し、行政不服審査法（昭和三十七年法律第百六十号）による審査請求をすることができる。 （国土交通大臣による試験事務の実施等） 第二十七条　国土交通大臣は、指定試験機関の指定をしたときは、試験事務を行わないものとする。 2　国土交通大臣は、指定試験機関が第二十三条第一項の規定による許可を受けて試験事務の全部若しくは一部を休止したとき、第二十四条第二項の規定により指定試験機関に対し試験事務の全部若しくは一部の停止を命じたとき、又は指定試験機関が天災その他の事由により試験事務の全部若しくは一部を実施することが困難となった場合において必要があると認めるときは、試験事務の全部又は一部を自ら行うものとする。 （公示） 第二十八条　国土交通大臣は、次に掲げる場合には、その旨を官報に公示しなければならない。 一　第十一条第一項の規定による指定をしたとき。 二　第二十二条の規定による届出があったとき。 三　第二十三条第一項の規定による許可をしたとき。 四　第二十四条の規定により指定を取り消し、又は試験事務の全部若しくは一部の停止を命じたとき。 五　前条第二項の規定により試験事務の全部若しくは一部を自ら行うこととするとき、又は自ら行っていた試験事務の全部若しくは一部を行わないこととするとき。 （国土交通省令への委任）	（試験事務の引継ぎ等） 第二十四条　指定試験機関は、法第二十二条の規定による許可を受けて試験事務の全部若しくは一部を廃止する場合、法第二十七条第二項の規定により指定を取り消された場合又は法第二十四条の規定により国土交通大臣が試験事務の全部若しくは一部を行う場合には、次に掲げる事項を行わなければならない。 一　試験事務を国土交通大臣に引き継ぐこと。 二　試験事務に関する帳簿及び書類を国土交通大臣に引き継ぐこと。 三　その他国土交通大臣が必要と認める事項

2 国土交通大臣は、指定試験機関が次の各号のいずれかに該当するに至ったときは、その指定を取り消し、又は期間を定めて試験事務の全部若しくは一部の停止を命ずることができる。
一 第十一条第三項各号の要件を満たさなくなったと認められるとき。
二 第十三条第二項(第十六条第四項において準用する場合を含む。)、第十五条第三項又は第二十条の規定による命令に違反したとき。
三 第十四条、第十六条第一項から第三項まで、第十九条又は前条第一項の規定に違反したとき。
四 第十五条第一項の認可を受けた試験事務規程によらないで試験事務を行ったとき。
五 次条第一項の条件に違反したとき。
六 試験事務に関し著しく不適当な行為をしたとき、又はその試験事務に従事する試験委員若しくは役員が試験事務に関し著しく不適当な行為をしたとき。
七 偽りその他不正の手段により第十一条第一項の規定による指定を受けたとき。

(指定等の条件)
第二十五条 第十一条第一項、第十三条第一項、第十四条第一項、第十五条第一項又は第二十三条第一項の規定による指定、認可又は許可には、条件を付し、及びこれを変更することができる。
2 前項の条件は、当該指定、認可又は許可に係る事項の確実な実施を図るため必要最小限度のものに限り、かつ、当該指定、認可又は許可を受ける者に不当な義務を課することとなるものであってはならない。

(立入検査)

第二十二条　国土交通大臣は、試験事務の適正な実施を確保するため必要があると認めるときは、その必要な限度で、その職員に、指定試験機関の事務所に立ち入り、指定試験機関の帳簿、書類その他必要な物件を検査させ、又は関係者に質問させることができる。

2　前項の規定により立入検査を行う職員は、その身分を示す証明書を携帯し、かつ、関係者の請求があるときは、これを提示しなければならない。

3　第一項に規定する権限は、犯罪捜査のために認められたものと解釈してはならない。

(試験事務の休廃止)

第二十三条　指定試験機関は、国土交通大臣の許可を受けなければ、試験事務の全部又は一部を休止し、又は廃止してはならない。

(指定の取消し等)

第二十四条　国土交通大臣は、指定試験機関が第十一条第四項各号(第四号を除く。)のいずれかに該当するに至ったときは、その指

月日及び住所を記載した合格者一覧表を添えなければならない。

(立入検査を行う職員の証明書)

第二十二条　法第二十二条第二項の職員の身分を示す証明書の様式は、別記様式第二号によるものとする。

(試験事務の休廃止の許可の申請)

第二十三条　指定試験機関は、法第二十三条第一項の許可を受けようとするときは、次に掲げる事項を記載した申請書を国土交通大臣に提出しなければならない。

一　休止し、又は廃止しようとする試験事務の範囲
二　休止し、又は廃止しようとする年月日
三　休止しようとする場合にあっては、その期間
四　休止又は廃止の理由

(監督命令)

第二十条 国土交通大臣は、試験事務の適正な実施を確保するため必要があると認めるときは、指定試験機関に対し監督上必要な命令をすることができる。

(報告)

第二十一条 国土交通大臣は、試験事務の適正な実施を確保するため必要があると認めるときは、その必要な限度で、指定試験機関に対し、報告をさせることができる。

2 前項各号に掲げる事項が、電子計算機(入出力装置を含む。以下同じ。)に備えられたファイル又は磁気ディスク(これに準ずる方法により一定の事項を確実に記録しておくことができる物を含む。以下同じ。)に記録され、必要に応じ指定試験機関において電子計算機その他の機器を用いて明確に紙面に表示されるときは、当該記録をもって法第十九条に規定する帳簿への記載に代えることができる。

3 法第十九条に規定する帳簿(前項の規定による記録が行われた同項のファイル又は磁気ディスクを含む。)は、試験事務を廃止するまで保存しなければならない。

(試験結果の報告)

第二十二条 指定試験機関は、試験事務を実施したときは、遅滞なく次に掲げる事項を記載した報告書を国土交通大臣に提出しなければならない。

一 試験年月日
二 試験地
三 受験申込者数
四 受験者数
五 試験に合格した者の数
六 試験の合格年月日

2 前項の報告書には、試験に合格した者の受験番号、氏名、生年

三 受験者の受験番号、氏名、生年月日、住所及び合否の別

四 試験の合格年月日

り指定試験機関に納付された受験手数料は、指定試験機関の収入とする。

（受験停止の処分等の報告等）
第十九条　指定試験機関は、法第十七条第一項の規定により読み替えて適用する法第九条第一項の規定により、試験に関する不正行為のある者に対して、その受験を停止させ、又はその試験を無効としたときは、遅滞なく、次に掲げる事項を記載した報告書を国土交通大臣に提出しなければならない。
一　処分を行った者の氏名、生年月日及び住所
二　処分の内容及び処分を行った年月日
三　不正の行為の内容
2　前項の場合において、国土交通大臣は、法第九条第二項の処分を行ったときは、次に掲げる事項を指定試験機関に通知するものとする。
一　処分を行った者の氏名、生年月日及び住所
二　処分の内容及び処分を行った年月日

（帳簿の備付け等）
第二十条　法第十九条に規定する国土交通省令で定める事項は、次のとおりとする。
一　試験年月日
二　試験地

（秘密保持義務等）
第十八条　指定試験機関の役員若しくは職員（試験委員を含む。次項において同じ。）又はこれらの職にあった者は、試験事務に関して知り得た秘密を漏らしてはならない。
2　試験事務に従事する指定試験機関の役員又は職員は、刑法（明治四十年法律第四十五号）その他の罰則の適用については、法令により公務に従事する職員とみなす。

（帳簿の備付け等）
第十九条　指定試験機関は、試験事務に関する事項で国土交通省令で定めるところにより、試験事務に関する事項で国土交通省令で定めるものを記載した帳簿を備え、これを保存しなければならない。

ション管理士として必要な知識を有するかどうかの判定に関する事務については、マンション管理士試験委員（以下この節において「試験委員」という。）に行わせなければならない。

2 指定試験機関は、試験委員を選任しようとするときは、国土交通省令で定める要件を備える者のうちから選任しなければならない。

3 指定試験機関は、試験委員を選任したときは、国土交通省令で定めるところにより、国土交通大臣にその旨を届け出なければならない。試験委員に変更があったときも、同様とする。

4 第十三条第二項の規定は、試験委員の解任について準用する。

（規定の適用等）
第十七条　指定試験機関が試験事務を行う場合における第九条第一項及び第十条第一項の規定の適用については、第九条第一項中「国土交通大臣」とあり、及び第十条第一項中「国」とあるのは、「指定試験機関」とする。

2 前項の規定により読み替えて適用する第十条第一項の規定によ

（試験委員の要件）
第十六条　法第十六条第二項の国土交通省令で定める要件は、次の各号のいずれかに該当する者であることとする。
一　学校教育法（昭和二十二年法律第二十六号）による大学において民事法学、行政法学、会計学又は建築学を担当する教授又は助教授の職にあり、又はあった者その他これらの者に相当する知識及び経験を有する者
二　国又は地方公共団体の職員又は職員であった者で、第二条各号に掲げる事項について専門的な知識を有するもの

（試験委員の選任等の届出）
第十七条　法第十六条第三項の規定による試験委員の選任又は変更の届出は、次に掲げる事項を記載した届出書によって行わなければならない。
一　選任した試験委員の氏名及び略歴又は変更した試験委員の氏名
二　選任し、又は変更した年月日
三　選任又は変更の理由

（規定の適用）
第十八条　指定試験機関が試験事務を行う場合における第六条、第八条及び第九条の規定の適用については、第六条及び第八条中「国土交通大臣」とあるのは「指定試験機関」と、第九条中「受験申込書に収入印紙をはって」とあるのは「試験事務規程で定め

第十四条　指定試験機関は、法第十五条第一項前段の認可を受けようとするときは、その旨を記載した申請書に同項に規定する試験事務規程（以下この節において「試験事務規程」という。）を添えて、これを国土交通大臣に提出しなければならない。

2　指定試験機関は、法第十五条第一項後段の認可を受けようとするときは、次に掲げる事項を記載した申請書を国土交通大臣に提出しなければならない。
一　変更しようとする事項
二　変更しようとする年月日
三　変更の理由

（試験事務規程の記載事項）
第十五条　法第一五条第二項の国土交通省令で定める事項は、次のとおりとする。
一　試験事務を行う時間及び休日に関する事項
二　試験事務を行う事務所及び試験地に関する事項
三　試験事務の実施の方法に関する事項
四　受験手数料の収納の方法に関する事項
五　マンション管理士試験委員（以下この節において「試験委員」という。）の選任及び解任に関する事項
六　試験事務に関する秘密の保持に関する事項
七　試験事務に関する帳簿及び書類の管理に関する事項
八　その他試験事務の実施に関し必要な事項

第十五条　指定試験機関は、試験事務の開始前に、試験事務の実施に関する規程（以下この節において「試験事務規程」という。）を定め、国土交通大臣の認可を受けなければならない。これを変更しようとするときも、同様とする。

2　試験事務規程で定めるべき事項は、国土交通省令で定める。

3　国土交通大臣は、第一項の認可をした試験事務規程が試験事務の適正かつ確実な実施上不適当となったと認めるときは、指定試験機関に対し、これを変更すべきことを命ずることができる。

（試験委員）
第十六条　指定試験機関は、試験事務を行う場合において、マン

（指定試験機関の役員の選任及び解任）

第十三条　試験事務に従事する指定試験機関の役員の選任及び解任は、国土交通大臣の認可を受けなければ、その効力を生じない。

2　国土交通大臣は、指定試験機関の役員が、この法律（この法律に基づく命令又は処分を含む。）若しくは第十五条第一項に規定する試験事務規程に違反する行為をしたとき、又は試験事務に関し著しく不適当な行為をしたときは、指定試験機関に対し、当該役員の解任を命ずることができる。

（事業計画の認可等）

第十四条　指定試験機関は、毎事業年度、事業計画及び収支予算を作成し、当該事業年度の開始前に（指定を受けた日の属する事業年度にあっては、その指定を受けた後遅滞なく）、国土交通大臣の認可を受けなければならない。これを変更しようとするときも、同様とする。

2　指定試験機関は、毎事業年度の経過後三月以内に、その事業年度の事業報告書及び収支決算書を作成し、国土交通大臣に提出しなければならない。

（試験事務規程）

（役員の選任及び解任）

第十二条　指定試験機関は、法第十三条第一項の認可を受けようとするときは、次に掲げる事項を記載した申請書を国土交通大臣に提出しなければならない。

一　選任に係る役員の氏名及び略歴又は解任に係る役員の氏名
二　選任又は解任の理由
三　新設又は廃止の理由

一　新設し、又は廃止しようとする事務所の名称及び所在地
二　新設し、又は廃止しようとする事務所において試験事務を開始し、又は廃止しようとする年月日

（事業計画等の認可の申請）

第十三条　指定試験機関は、法第十四条第一項前段の認可を受けようとするときは、その旨を記載した申請書に事業計画書及び収支予算書を添えて、これを国土交通大臣に提出しなければならない。

2　指定試験機関は、法第十四条第一項後段の認可を受けようとするときは、次に掲げる事項を記載した申請書を国土交通大臣に提出しなければならない。

一　変更しようとする事項
二　変更しようとする年月日
三　変更の理由

（試験事務規程の認可の申請）

必要な経理的及び技術的な基礎を有するものであること。

4　国土交通大臣は、第二項の申請をした者が次の各号のいずれかに該当するときは、指定試験機関の指定をしてはならない。
一　民法（明治二十九年法律第八十九号）第三十四条の規定により設立された法人以外の者であること。
二　その行う試験事務以外の業務により試験事務を公正に実施することができないおそれがあること。
三　この法律の規定により刑に処せられ、その執行を終わり、又は執行を受けることがなくなった日から二年を経過しない者であること。
四　第二十四条の規定により指定を取り消され、その取消しの日から二年を経過しない者であること。
五　その役員のうちに、次のいずれかに該当する者があること。
イ　第三号に該当する者
ロ　第二十三条第二項の規定による命令により解任され、その解任の日から二年を経過しない者

（変更の届出）
第十二条　指定試験機関は、その名称又は主たる事務所の所在地を変更しようとするときは、変更しようとする日の二週間前までに、その旨を国土交通大臣に届け出なければならない。

2　前項の申請書には、次に掲げる書類を添付しなければならない。
一　定款又は寄附行為及び登記簿の謄本
二　申請の日の属する事業年度の前事業年度の貸借対照表及び当該事業年度末の財産目録
三　申請の日の属する事業年度及び翌事業年度における事業計画書及び収支予算書
四　指定の申請に関する意思の決定を証する書類
五　役員の氏名及び略歴を記載した書類
六　現に行っている業務の概要を記載した書類
七　試験事務の実施の方法に関する計画を記載した書類

（指定試験機関の名称の変更等の届出）
第十一条　法第十一条第一項に規定する指定試験機関（以下この節において、単に「指定試験機関」という。）は、その名称又は主たる事務所の所在地を変更しようとするときは、次に掲げる事項を記載した届出書を国土交通大臣に提出しなければならない。
一　変更後の指定試験機関の名称又は主たる事務所の所在地
二　変更しようとする年月日
三　変更の理由

2　指定試験機関は、試験事務を行う事務所を新設し、又は廃止しようとするときは、次に掲げる事項を記載した届出書を国土交通大臣に提出しなければならない。

（試験の無効等）

第九条　国土交通大臣は、試験に関して不正の行為があった場合には、その不正行為に関係のある者に対しては、その受験を停止させ、又はその試験を無効とすることができる。

2　国土交通大臣は、前項の規定による処分を受けた者に対し、期間を定めて試験を受けることができないものとすることができる。

（受験手数料）

第十条　試験を受けようとする者は、実費を勘案して政令で定める額の受験手数料を国に納付しなければならない。

2　前項の受験手数料は、これを納付した者が試験を受けない場合においても、返還しない。

（指定試験機関の指定）

第十一条　国土交通大臣は、国土交通省令で定めるところにより、その指定する者（以下この節において「指定試験機関」という。）に、試験の実施に関する事務（以下この節において「試験事務」という。）を行わせることができる。

2　指定試験機関の指定は、国土交通省令で定めるところにより、試験事務を行おうとする者の申請により行う。

3　国土交通大臣は、他に指定を受けた者がなく、かつ、前項の申請が次の要件を満たしていると認めるときでなければ、指定試験機関の指定をしてはならない。

一　職員、設備、試験事務の実施の方法その他の事項についての試験事務の実施に関する計画が、試験事務の適正かつ確実な実施のために適切なものであること。

二　前号の試験事務の実施に関する計画の適正かつ確実な実施に

するほか、その氏名を官報で公告するものとする。

（受験手数料の納付）

第九条　法第十条第一項に規定する受験手数料（以下この節において「受験手数料」という。）は、受験申込書に収入印紙をはって納付するものとする。

（指定の申請）

第十条　法第十一条第二項の規定による指定を受けようとする者は、次に掲げる事項を記載した申請書を国土交通大臣に提出しなければならない。

一　名称及び住所

二　法第十一条第一項に規定する試験の実施に関する事務（以下この節において「試験事務」という。）を行おうとする事務所の名称及び所在地

三　試験事務を開始しようとする年月日

2 国土交通省令で定める資格を有する者に対しては、国土交通省令で定めるところにより、試験の一部を免除することができる。

（試験の実施）
第八条 試験は、毎年一回以上、国土交通大臣が行う。

（試験の内容）
第二条 前条の基準によって試験すべき事項は、おおむね次のとおりである。
一 マンションの管理に関する法令及び実務に関すること（第四号に掲げるものを除く。）。
二 管理組合の運営の円滑化に関すること。
三 マンションの建物及び附属施設の形質及び構造に関すること。
四 マンションの管理の適正化の推進に関する法律（以下「法」という。）に関すること。

（法第七条第二項の国土交通省令で定める資格）
第三条 法第七条第二項の国土交通省令で定める資格を有する者は、管理業務主任者試験に合格した者とする。

（試験の一部免除）
第四条 管理業務主任者試験に合格した者については、第二条に掲げる試験すべき事項のうち同条第四号に掲げるものを免除する。

（試験期日等の公告）
第五条 試験を施行する期日、場所その他試験の施行に関して必要な事項は、国土交通大臣があらかじめ官報で公告する。

（受験手続）
第六条 試験を受けようとする者は、別記様式第一号によるマンション管理士試験受験申込書（以下この節において「受験申込書」という。）を国土交通大臣に提出しなければならない。

（試験の方法）
第七条 試験は、筆記の方法により行う。

（合格証書の交付及び合格者の公告）
第八条 国土交通大臣は、試験に合格した者には、合格証書を交付

（マンション管理適正化指針）

第三条　国土交通大臣は、マンションの管理の適正化の推進を図るため、管理組合によるマンションの管理の適正化に関する指針（以下「マンション管理適正化指針」という。）を定め、これを公表するものとする。

（管理組合等の努力）

第四条　管理組合は、マンション管理適正化指針の定めるところに留意して、マンションを適正に管理するよう努めなければならない。

2　マンションの区分所有者等は、マンションの管理に関し、管理組合の一員としての役割を果たすよう努めなければならない。

（国及び地方公共団体の措置）

第五条　国及び地方公共団体は、マンションの管理の適正化に資するため、管理組合又はマンションの区分所有者等の求めに応じ、必要な情報及び資料の提供その他の措置を講ずるよう努めなければならない。

第二章　マンション管理士

第一節　資格

第六条　マンション管理士試験（以下この章において「試験」という。）に合格した者は、マンション管理士となる資格を有する。

第二節　試験

（試験）

第七条　試験は、マンション管理士として必要な知識について行う。

第一章　マンション管理士

第一節　マンション管理士試験

（試験の基準）

第一条　マンション管理士試験（以下この節において「試験」という。）は、管理組合の運営その他マンションの管理に関する専門的知識を有するかどうかを判定することに基準を置くものとする。

三　管理組合　マンションの管理を行う区分所有法第三条若しくは第六十五条に規定する団体又は区分所有法第四十七条第一項（区分所有法第六十六条において準用する場合を含む。）に規定する法人をいう。

四　管理者等　区分所有法第二十五条第一項（区分所有法第六十六条において準用する場合を含む。）の規定により選任された管理者又は区分所有法第四十九条第一項（区分所有法第六十六条において準用する場合を含む。）の規定により置かれた理事をいう。

五　マンション管理士　第三十条第一項の登録を受け、マンション管理士の名称を用いて、専門的知識をもって、管理組合の運営その他マンションの管理に関し、管理組合の管理者等又はマンションの区分所有者等の相談に応じ、助言、指導その他の援助を行うことを業務（他の法律においてその業務を行うことが制限されているものを除く。）とする者をいう。

六　管理事務　マンションの管理に関する事務であって、基幹事務（管理組合の会計の収入及び支出の調定及び出納並びにマンション（専有部分を除く。）の維持又は修繕に関する企画又は実施の調整をいう。以下同じ。）を含むものをいう。

七　マンション管理業　管理組合から委託を受けて管理事務を行う行為で業として行うもの（マンションの区分所有者等が当該マンションについて行うものを除く。）をいう。

八　マンション管理業者　第四十四条の登録を受けてマンション管理業を営む者をいう。

九　管理業務主任者　第六十条第一項に規定する管理業務主任者証の交付を受けた者をいう。

第一章　総則　(略)

(目的)

第一条　この法律は、土地利用の高度化の進展その他国民の住生活を取り巻く環境の変化に伴い、多数の区分所有者が居住するマンションの重要性が増大していることにかんがみ、マンション管理士の資格を定め、マンション管理業者の登録制度を実施する等マンションの管理の適正化を推進するための措置を講ずることにより、マンションにおける良好な居住環境の確保を図り、もって国民生活の安定向上と国民経済の健全な発展に寄与することを目的とする。

(定義)

第二条　この法律において、次の各号に掲げる用語の意義は、それぞれ当該各号の定めるところによる。

一　マンション　次に掲げるものをいう。

イ　二以上の区分所有者(建物の区分所有等に関する法律(昭和三十七年法律第六十九号。以下「区分所有法」という。)第二条第二項に規定する区分所有者をいう。以下同じ。)が存する建物で人の居住の用に供する専有部分(区分所有法第二条第三項に規定する専有部分をいう。以下同じ。)のあるもの並びにその敷地及び附属施設

ロ　一団地内の土地又は附属施設(これらに関する権利を含む。)が当該団地内にあるイに掲げる建物を含む数棟の建物の所有者(専有部分のある建物にあっては、区分所有者)の共有に属する場合における当該土地及び附属施設

二　マンションの区分所有者等　前号イに掲げる建物の区分所有者並びに同号ロに掲げる土地及び附属施設の同号ロの所有者を

「マンションの管理の適正化の推進に関する法律」・「同施行規則」全文対照表

「マンションの管理の適正化の推進に関する法律」 法律

目次

第一章 総則（第一条—第五条）

第二章 マンション管理士
 第一節 資格（第六条）
 第二節 試験（第七条—第二十九条）
 第三節 登録（第三十条—第三十九条）
 第四節 義務等（第四十条—第四十二条）

第三章 マンション管理業
 第一節 登録（第四十四条—第五十五条）
 第二節 管理業務主任者（第五十六条—第六十九条）
 第三節 業務（第七十条—第八十条）
 第四節 監督（第八十一条—第八十六条）
 第五節 雑則（第八十七条—第九十条）

第四章 マンション管理適正化推進センター（第九十一条—第九十四条）

第五章 マンション管理業者の団体（第九十五条—第百二条）

第六章 雑則（第百三条—第百五条）

第七章 罰則（第百六条—第百十三条）

附則

「同施行規則」 省令

目次

第一章 マンション管理士（第一条—第四十九条）
 第一節 マンション管理士試験（第一条—第二十四条）
 第二節 マンション管理士の登録（第二十五条—第四十条）
 第三節 マンション管理士の講習（第四十一条—第四十九条）

第二章 マンション管理業（第五十条—第九十三条）
 第一節 マンション管理業の登録（第五十条—第六十条）
 第二節 管理業務主任者の設置（第六十一条・第六十二条）
 第三節 管理業務主任者試験（第六十三条—第八十条）
 第四節 管理業務主任者の登録（第六十八条—第八十条）
 第五節 マンション管理業務（第八十一条—第九十二条）

第三章 マンション管理適正化推進センター（第九十四条—第九十六条）

第四章 マンション管理業者の団体（第九十七条—第百条）

第五章 雑則（第百一条・第百二条）

附則

(1) 247

【編著者紹介】

岡﨑　泰造（おかざき　たいぞう）
1959年早稲田大学法学部卒業。同年，住宅金融公庫採用，南九州支店長，南関東支店長を経て，92年退職。同年㈱穴吹工務店入社，現在相談役。日本マンション学会理事。主な著書『不動産売買の知識』（日経文庫），『区分所有法入門』（東京法令出版），『マンション管理士予想試験問題集』（中経出版）（いずれも共著）など。

新井泉太朗（あらい　せんたろう）
1961年明治大学法学部卒業，同年司法試験合格。64年弁護士登録（東京弁護士会所属），現在に至る。明治大学法学部講師，東京地方裁判所鑑定委員，東京簡易裁判所調停委員，全国有料老人ホーム協会理事。主な著書『マンション法入門』（三省堂），『マンションの法律』（一粒社），『マンションの法律紛争』（有斐閣）など（いずれも共著）。

天海　義彦（あまがい　よしひこ）
1984年明治大学法学部卒業。商社勤務を経て，86年司法試験合格，89年弁護士登録。95年米国ニューヨーク大学ロースクール修士課程卒業。97年新井法律事務所在籍，現在に至る。

澤田　博一（さわだ　ひろかず）
1975年多摩美術大学卒業。設計事務所，管理会社勤務を経て，87年建物診断センターを設立。㈶マンション管理センター評議員，㈶東京都防災・建築まちづくりセンター特別相談員等。主な著書『管理組合でできる日常点検と簡易診断』（大成出版社），『知ってトクするマンションリフォームの急所』（共著）（住宅新報社）他。

山畑　哲世（やまばた　てつよ）
1981年創価大学法学部卒業。管理会社日本ハウズィング㈱，大和ハウス工業㈱を経て，フジ住宅㈱に勤務。区分所有管理士，宅地建物取引主任者，日本マンション学会会員，日本ポパー哲学研究会会員。著書・論文『マンション管理法入門』（信山社），「平井宜雄教授の『反論可能性テーゼ』について」（『ポパーレター』vol. 10, No.1），「マンション管理の実態と対策」（『住宅新報』第2081号），『マンション管理法セミナー』（信山社）。

マンション管理士必携

2001年10月10日　第1版第1刷発行
2001年10月15日　第1版第2刷発行

編者　岡崎泰造

発行　不磨書房
〒113-0033　東京都文京区本郷6-2-9-302
TEL 03-3813-7199／FAX 03-3813-7104

発売　㈱信山社
〒113-0033　東京都文京区本郷6-2-9-102
TEL 03-3818-1019／FAX 03-3818-0344

制作　編集工房INABA

©著者, 2001, Printed in Japan　　印刷・製本／松澤印刷

ISBN4-7972-9072-2 C3332

◆市民カレッジ 2

宗田親彦（弁護士）**編**
知っておきたい 市民社会における
紛争解決と法

実際の紛争を解決するための**制度やシステム**（第1編）
実際の紛争のさまざまな**事例と解決の方法**（第2編）

困ったこと、わからないこと、ちょっとおかしいぞ…

いま第一線で活躍中の弁護士、研究者、法学者といっしょに考えてみよう！

秋山知文（弁護士）／板澤幸雄（弁護士）／上田太郎（弁護士）／大濱しのぶ（市立大月短期大学）
加々美光子（弁護士）／金子美代子（調停員）／紙子達子（弁護士）／小池順一（西南女子学院短大）
小出恵子（弁護士）／越山和広（香川大学）／櫻本正樹（高岡法科大学）／佐貫葉子（弁護士）
塩澤一洋（成蹊大学）／鹿内徳行（弁護士）／辰巳和正（弁護士）／宗田貴行／早坂英雄（弁護士）
三角元子（弁護士）／宗像雄（弁護士）／山口由紀子（国民生活センター）／山田恒久（獨協大学）
山田美枝子（大妻女子大学）／六車明（慶應義塾大学）

定価：**本体2,500円**（税別）

～～～～～～～～　◆**市民カレッジ**◆　～～～～～～～～

1　知っておきたい **市民社会の法**　　*好評発売中！*
　　金子 晃（会計検査院長）編
　　山口由紀子（国民生活センター）／石岡克俊（慶應義塾大学産業研究所）
　　消費者契約法の学習や裁判や法制度を知るために　　■2,400円（税別）

3　知っておきたい **市民社会における行政と法**
　　園部逸夫（弁護士）編　　★近刊
　　渡井理佳子（防衛大学校）／早坂禧子（桐蔭横浜大学）／塩入みほも（駒澤大学）

───────────────────────────────

◇◇◇◇◇◇　**ワークスタディ　シリーズ**　◇◇◇◇◇◇

法学検定試験を視野に入れた
これからの新しいテキスト　　**教科書** ＋ 検定試験のための**演習問題**

1　**ワークスタディ　刑法総論**　　定価：**本体1,800円**（税別）
　　島岡まな（亜細亜大学）編　／北川佳世子（海上保安大学校）／末道康之（清和大学）
　　松原芳博（早稲田大学）／萩原滋（愛知大学）／津田重憲（東亜大学）／大野正博（宮崎産業経営大学）
　　勝亦藤彦（海上保安大学校）／小名木明宏（熊本大学）／平澤修（中央学院大学）／
　　石井徹哉（拓殖大学）／對馬直紀（宮崎産業経営大学）／内山良雄（九州国際大学）

2　**ワークスタディ　刑法各論**　　定価：**本体2,000円**（税別）
　　島岡まな（亜細亜大学）編　／北川佳世子（海上保安大学校）／末道康之（清和大学）
　　松原芳博（早稲田大学）／萩原滋（愛知大学）／津田重憲（東亜大学）／大野正博（宮崎産業経営大学）
　　勝亦藤彦（海上保安大学校）／小名木明宏（熊本大学）／平澤修（中央学院大学）
　　石井徹哉（拓殖大学）／對馬直紀（宮崎産業経営大学）／内山良雄（九州国際大学）
　　関哲夫（国士舘大学）／清水真（東亜大学）／近藤佐保子（明治大学）

　　　　　　　　　　　　　　　　　　　　　　　　　　　　　★近刊
3　**ワークスタディ　商法（会社法）**　　石山卓磨（早稲田大学）編

発行：不磨書房／発売：信山社